들어가는 말

먼저 이번 최강 배틀왕 결정 토너먼트의 최종 승자는 우리가 흔히 예상하는 동물이 아닐 수 있음을 말해 주고 싶다. 동물들의 특징이나 다양한 무기, 배틀 장소 등에 따라 전혀 예상하지 못한 대결을 이 책을 통해 확인하게 될 것이기 때문이다.

또한 우리는 이 책을 통하여 동물들의 강력함은 여러 모습으로 나타난다는 것을 알 수 있을 것이다. 배틀에 출전한 동물들은 힘, 체격, 스피드, 뛰어난 지능, 다양한 무기 등을 이용해 자신의 강력함을 보여 준다.

이 동물들 가운데 어떤 동물이 가장 약하고, 가장 강하다고 단정 지을 수는 없다. 최강이란 지구상에 다양한 생명체가 있기 때문에 존재할 수 있는 것이며, 다양한 생명체가 있는 만큼 단 한 종의 동물이 최강의 자리를 계속 유지하기는 어렵기 때문이다.

현재는 자취를 감추었지만 과거에 존재했던 동물들도 결코 약하기 때문에 멸종된 것은 아니다. 모든 동물이 최강의 자리에 오를 수 있는 만큼 모든 동물은 상황에 따라 멸종의 위기에 놓이기도 한다.

현재 지구상에는 다양한 종류의 동물들이 존재한다. 인간에게 발견되지 않은 동물들까지 포함한다면 그 개체 수는 정말 어마어마할지도 모른다. 이렇듯 우리는 엄청난 수의 다양한 동물들에 둘러싸여 살고 있다. 어딘가에는 우리가 모르는 최강 동물이 존재할지도 모르는 일이다.

이 책에서는 다양한 동물을 소개한다. 동물들의 몸길이, 몸무게, 서식지 등의 생태 정보부터 자신을 보호하기 위한 공격과 방어 무기도 함께 살펴볼 수 있다. 가상으로 꾸며 본 배틀은 실제로는 체격의 차이가 있는 동물이더라도 '크기가 동일한 조건에서 1대 1로 싸웠을 때 승리하는 힘'을 조건으로 대결하였다. 출전 동물들이 보여 준 '승리하는 힘'의 종류는 매우 다양했다. 이 다양성이야말로 지구상의 모든 동물들이 함께 존재할 수 있는 힘일 것이다. 앞으로도 다양한 동물이 우리와 함께 지구에 존재하기를 바란다.

시노하라 카오리

최강 배틀왕 결정

A조

- 인간
- 먹바퀴
- 마운틴고릴라
- 큰꼬리전갈
- 바다악어
- 왕사마귀
- 흰코뿔소
- 공작갯가재
- 벌꿀오소리
- 대왕여치
- 바바리사자
- 그린아나콘다
- 황금독화살개구리
- 아프리카코끼리
- 하마
- 사람벼룩

예선전 A조-1 ▶12쪽
예선전 A조-2 ▶16쪽
예선전 A조-3 ▶20쪽
예선전 A조-4 ▶24쪽
예선전 A조-5 ▶28쪽
예선전 A조-6 ▶32쪽
예선전 A조-7 ▶36쪽
예선전 A조-8 ▶40쪽

16강전-1 ▶96쪽
16강전-2 ▶98쪽
16강전-3 ▶100쪽
16강전-4 ▶102쪽

8강전-1 ▶114쪽
8강전-2 ▶116쪽

준결승전-1 ▶124쪽

결승전 ▶130쪽

우승

스페셜
스페셜 배틀-1 ▶86쪽
티라노사우루스 VS 아르트로플레우라

배틀 규칙

기본 약속
이 책에서 소개하는 모든 동물들이 배틀에 출전할 때는 몸의 크기가 동일하다는 조건으로 대결한다.

규칙

1. 토너먼트의 조 편성은 A조, B조 임의로 결정한다.
2. 배틀 무대는 대결하는 두 동물 중 어느 한쪽의 서식지로 정한다. 하지만 두 동물이 전혀 다른 환경에서 서식하는 경우에는 중간 지점에서 대결한다.
3. 배틀의 제한 시간은 없다. 어느 한쪽이 부상으로 인하여 더 이상 대결할 수 없거나, 대결을 포기하는 경우 배틀은 종료된다.
4. 몸을 이용한 공격과 방어만을 허용하며, 그 외의 무기 사용은 반칙으로 간주한다.
5. 승자가 배틀에서 입은 상처나 피로감은 다음 배틀에 영향을 주지 않는 것으로 한다.

⚠️ 주의 ⚠️

이 책에 등장하는 동물들의 배틀은 각 동물의 특성이나 능력에 근거한 가상 배틀이다. 실제 대결이 이 책의 승부와 동일하다고 단정할 수 없다.

이 책의 구성

① 배틀 번호: 토너먼트 어느 단계의 몇 번째 배틀인지를 나타낸다.
② 동물 이름: 동물의 이름을 나타낸다.
③ 동물 일러스트: 동물의 모습을 소개한다.
④ 크기 비교: 동물의 실제 크기를 일반 성인 남성의 크기와 비교하여 나타낸다.
⑤ 레이더 차트: 동물의 능력을 파워, 공격력, 스피드, 난폭성, 지력, 방어력 등으로 구분하여 한눈에 볼 수 있게 나타낸다.
⑥ 동물 설명: 동물의 특징, 공격과 방어 무기 등을 설명한다.
⑦ 동물 정보: 동물의 분류, 식성, 무기, 특징 등을 소개한다.

① 배틀 소개: 출전 동물들을 소개하고 배틀 결과를 예측하는 등 배틀에 대하여 설명한다.
② 배틀 일러스트: 배틀 장면을 생생하게 소개한다.
③ 배틀 과정: 배틀을 단계별로 설명한다.
④ 최강 필살기: 승부의 열쇠가 된 강력한 무기나 기술을 소개한다.
⑤ 승자 소개: 배틀의 승자를 알려 주고 배틀 평가를 요약한다.

결정타 최강 필살기에 대하여

동물들의 최강 필살기는 실제 동물들이 먹이를 사냥하거나 적을 만났을 때 보이는 행동과 능력을 바탕으로 구성하였다. 따라서 배틀 상대에게 상처를 입히지 않고 쫓아 버리기만 한 것도 승리로 인정한다.

차례

최강 배틀왕 결정 토너먼트 대진표 · 4
배틀 규칙 · 6
이 책의 구성 · 7

최강 배틀왕 결정
토너먼트 예선전 A조 · 10
★예선전 A조 평가 · 44

최강 배틀왕 결정
토너먼트 예선전 B조 · 46
★예선전 B조 평가 · 80
★최강 배틀왕 동물 퀴즈 · 82

스페셜 배틀 · 84
★재미있는 동물 랭킹-가장 멋진 동물은? · 94

최강 배틀왕 결정
토너먼트 16강전 · 95
★16강전 평가 · 112

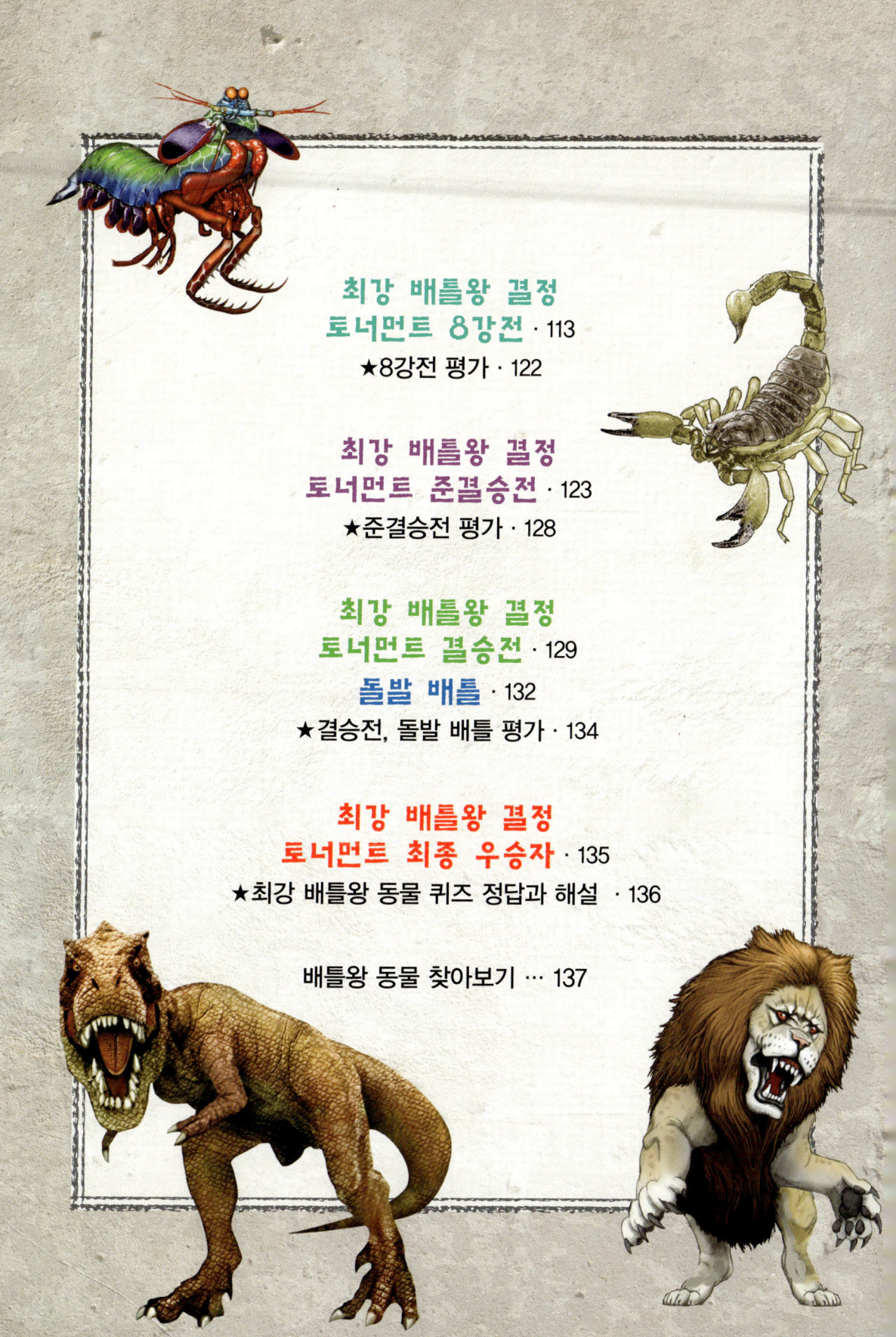

최강 배틀왕 결정
토너먼트 8강전 · 113
★8강전 평가 · 122

최강 배틀왕 결정
토너먼트 준결승전 · 123
★준결승전 평가 · 128

최강 배틀왕 결정
토너먼트 결승전 · 129
돌발 배틀 · 132
★결승전, 돌발 배틀 평가 · 134

최강 배틀왕 결정
토너먼트 최종 우승자 · 135
★최강 배틀왕 동물 퀴즈 정답과 해설 · 136

배틀왕 동물 찾아보기 ··· 137

최강 배틀왕 결정

 인간 VS 먹바퀴

 마운틴고릴라 VS 큰꼬리전갈

 바다악어 VS 왕사마귀

 흰코뿔소 VS 공작갯가재

태양계 최강 두뇌
인간

 예선전 A조-1

크기 비교

높은 지능이 최고의 무기

최강 배틀왕 결정 토너먼트 출전자들 가운데 지능이 가장 높다. 배틀 전략을 세워 싸울 수 있는 우수한 지능이 최고의 무기지만, 공격력이나 스피드에서는 다른 동물들보다 다소 떨어지는 편이다. 똑똑한 머리를 이용해 어떤 전략을 세워 배틀에 활용할지 기대해 본다.

분 류	포유류 영장류목 사람과
식 성	잡식
무 기	높은 지능
특 징	지혜를 이용해 전략을 세울 수 있다.
몸무게	약 60kg
몸길이	약 165cm

서식지 지구 전 지역

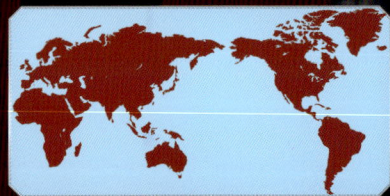

최강 배틀왕 토너먼트

크기 비교

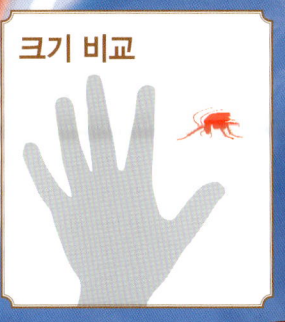

끈질긴 생명력의 바퀴벌레
먹바퀴

강한 생명력과 스피드

동아시아를 중심으로 주로 따뜻한 지역에 서식하며, '검정바퀴'라고도 불린다. 힘이나 공격력은 강한 편이 아니지만 빠른 스피드를 자랑한다. 생명력이 매우 강해 부상을 당해도 쉽게 쓰러지지 않는다.

분류	곤충류 바퀴목 왕바퀴과
식성	잡식
무기	재빠른 움직임
특징	끈질기고 고집이 세다.
몸무게	2~3g
몸길이	약 3cm

서식지 *열대를 중심으로 따뜻하고 습한 지역

*열대: 기온이 높고 강우량이 많은 것이 특징인 지역.

Fight!

예선전 A조-1

드디어 최강 배틀왕 결정 토너먼트의 막이 올랐다. 인간은 출전자 가운데 가장 똑똑한 두뇌로 최고의 전략을 세워 싸울 준비를 한다. 반면 먹바퀴는 스피드와 강한 생명력을 무기로 내세운다. 배틀의 시작을 알리는 종이 울리자, 인간과 먹바퀴가 등장한다. 그런데 보통의 먹바퀴보다 훨씬 큰 먹바퀴가 나타났다. 과연 배틀의 결과는……?

인간의 살충제 공격! 먹바퀴의 운명은?

Go!

1 공포를 느끼는 인간!
거대한 먹바퀴를 본 인간은 긴장과 공포에 사로잡히고 만다. 먹바퀴가 공격성이 강하거나 독이 있는 생물은 아니지만, 인간은 먹바퀴의 거대함과 징그러운 생김새에 겁을 먹은 것이다.

2 인간의 반칙 공격!
정신을 차린 인간이 손과 발을 이용해 공격을 시도하지만 먹바퀴는 재빠르게 움직여 공격을 피한다. 당황한 인간은 주머니에 숨겨 두었던 살충제를 꺼내 뿌리기 시작한다.

포유류 최강의 강철 팔!
마운틴고릴라

 예선전 A조-2

크기 비교

- 파워
- 방어력
- 공격력
- 지력
- 스피드
- 난폭성

힘으로 제압하다!

야생에 살아남은 개체가 점점 줄어들어 현재는 멸종 위기에 처해 있다. 힘이 세고 지능이 높은 동물이지만 기본적으로 싸움을 좋아하지 않는다. 그러나 한번 승부욕이 발동하면 누구보다 강한 힘을 자랑한다.

분류	포유류 영장류목 사람과
식성	잡식
무기	높은 지능과 괴력
특징	힘은 강하지만 온순하다.
몸무게	135~220kg
몸길이	1.2~1.8m

서식지 중앙아프리카 비룽가 산지

최강 배틀왕 토너먼트

독침을 휘두르는 죽음의 추적자
큰꼬리전갈

크기 비교

독침이 고릴라에게 통할까?

독침을 품은 굵은 꼬리로 적을 위협하거나 먹잇감을 사냥한다. 전갈 중에서도 성질이 특히 난폭하고 가장 강한 독성을 지녔다. 데스스토커라는 이름으로도 불린다.

파워 / 방어력 / 공격력 / 지력 / 스피드 / 난폭성

분류	거미류 전갈목 전갈과
식성	육식
무기	맹독, 스피드
특징	공격적이다.
몸무게	약 10g
몸길이	약 10cm

서식지: 중동, 유럽 및 북아프리카

힘과 독의 대결!

 예선전 A조-2

Fight!

이어지는 배틀은 온순하지만 힘이 센 마운틴고릴라와 맹독을 가진 난폭한 큰꼬리전갈의 대결이다. 힘이 센 마운틴고릴라가 두 팔로 전갈을 제압할 수 있지만 큰꼬리전갈도 이를 한 방에 역전할 수 있는 맹독을 지닌 만만치 않은 상대이다.

Go!

1 싸움을 망설이는 마운틴고릴라!

시작을 알리는 종이 울리자 마운틴고릴라는 두 손으로 가슴을 치기 시작한다. 이것은 상대에게 자신의 존재를 과시하는 행동이지만, 마운틴고릴라는 싸움을 좋아하지 않기 때문에 먼저 공격하는 것을 망설이고 있다. 과연 큰꼬리전갈은 어떻게 반응할까?

2 공격에 나서는 큰꼬리전갈!

마운틴고릴라의 행동을 위협으로 받아들인 큰꼬리전갈이 몸을 바짝 낮추고 꼬리를 세우더니 상대를 향해 다가간다. 마운틴고릴라는 자신을 향해 다가오는 큰꼬리전갈을 보며 괴성을 지른다.

거대한 식인 파충류
바다악어

 예선전 A조-3

강한 턱으로 부숴 버리겠다!
악어 중에서도 가장 큰 종으로 인간을 공격하기도 한다. 턱의 강한 힘을 이용해 먹잇감을 물어 물속으로 끌고 들어갈 수 있으며, 땅에서도 빠른 속도로 이동할 수 있다.

크기 비교

분 류	파충류 악어목 크로커다일과
식 성	육식
무 기	강력한 턱
특 징	난폭하다.
몸무게	450~1000kg
몸길이	약 5m

서식지: 인도 동부, 동남아시아, 호주 북부의 강과 호수

최강 배틀왕 토너먼트

큰 낫을 휘두르는 공포의 사냥꾼
왕사마귀

파워 / 공격력 / 스피드 / 난폭성 / 지력 / 방어력

크기 비교

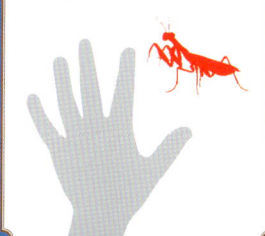

무시무시한 낫 공격
성격이 난폭하고 매우 거칠다. 낫처럼 생긴 강력한 앞다리로 베짱이 같은 곤충뿐만 아니라 새끼 쥐도 잡아먹는다. 힘으로는 바다악어를 이길 수 없지만 날렵한 몸놀림과 점프력을 지녔다.

분류	곤충류 사마귀목 사마귓과
식성	육식
무기	낫 모양의 앞다리
특징	난폭하다.
몸무게	약 5g
몸길이	약 10cm

서식지: 동아시아 전 지역, 동남아시아 일부 지역

Fight!

예선전 A조-3

강력한 턱을 가진 바다악어는 상대를 공격하는 힘이 강하지만 방어에는 서툰 편이다. 공중으로 튀어 오른 왕사마귀가 바다악어의 등에 올라타 앞다리로 몸통을 공격하면 바로 대결이 끝날 수도 있다.

왕사마귀의 낫 공격!

Go!

1 거대한 낫 공격!

먼저 공격을 시도한 쪽은 바다악어였다. 하지만 왕사마귀는 날렵한 동작으로 바다악어의 공격을 피한 후 반격에 나선다. 왕사마귀의 거대한 낫이 바다악어의 몸을 찌르기 시작한다.

2 방어에 성공한 바다악어!

하지만 왕사마귀의 뾰족한 낫은 바다악어의 단단한 가죽을 뚫지 못했다. 바다악어는 적의 공격에도 당황하지 않고 커다란 입을 쩍 벌려 왕사마귀의 가느다란 목을 물어 버린다.

최강 배틀왕 토너먼트

3 *데스롤 공격으로 끝이 난 대결!

바다악어는 움직임이 둔해진 왕사마귀를 상대로 자신의 필살기인 데스롤 공격을 퍼붓는다. 공격을 받은 왕사마귀는 자신의 능력을 모두 보여 주지도 못하고 쓰러져 버린다. 바다악어의 승리다.

데스롤 공격을 퍼붓다!

결정타!

최강 필살기

공포의 데스롤 공격

왕사마귀의 공격에도 흔들리지 않고 침착하게 반격에 나선 바다악어가 필살기로 승리를 거두었다.

*데스롤: 먹이를 물고 회전하는 악어의 공격법.

승리 — 바다악어

왕사마귀의 뾰족한 앞다리는 바다악어의 몸을 뚫지 못했다. 만약 바다악어의 딱딱한 곳이 아닌 다른 곳을 공격했다면 왕사마귀도 승리할 수 있었을까?

뿔로 상대를 제압하는 파괴자
흰코뿔소

 예선전 A조-4

크기 비교

무시무시한 파괴력
코뿔소 중에서도 몸집이 가장 크다. 수컷 중에는 몸무게가 2t(톤)이 넘는 것도 있다. 머리털처럼 계속 자라는 커다란 뿔이 최고의 무기이며, 거대한 몸집의 흰코뿔소가 무서운 속도로 돌진하면 어떤 동물도 무사할 수 없을 것이다.

분 류	포유류 기제목 코뿔솟과
식 성	초식
무 기	거대한 몸집과 뿔
특 징	온순하다.
몸무게	약 2t
몸길이	약 4m

서식지 아프리카 남부의 사바나 초원 등

최강 배틀왕 토너먼트

바닷속 초강력 펀치
공작갯가재

크기 비교

빠른 속도로 펀치를 날리다!

빨강과 초록 등 화려한 색깔의 몸과 낫 모양의 앞다리가 특징이다. 시력이 좋고, 앞다리를 이용해 펀치를 날리는 실력이 뛰어나 '바다의 복서(권투 선수)'라는 별명이 있다. 앞다리는 주로 먹잇감을 사냥하는 데 사용한다.

- **분　류** 곤충류 구각목 갯가잿과
- **식　성** 육식
- **무　기** 강력한 펀치
- **특　징** 시력이 좋다.
- **몸무게** 약 30g
- **몸길이** 약 15cm

서식지 인도양, 태평양 등

Fight!

예선전 A조-4

전체적인 힘은 흰코뿔소가 강하지만 공작갯가재에게는 눈에 안 보일 정도로 빠르고 강력한 펀치와 바닷속 사냥으로 훈련된 민첩성이 있다. 공작갯가재의 빠른 펀치가 흰코뿔소의 약점을 공격하는 데 성공한다면 매우 흥미진진한 배틀이 펼쳐질 것이다.

커다란 뿔 VS 재빠른 펀치

Go!

1 배틀 무대의 팽팽한 긴장감!
흰코뿔소는 머리를 낮추고 적에게로 뿔을 향한다. 공작갯가재도 몸을 움츠려 언제든지 펀치를 날릴 수 있도록 자세를 잡는다. 과연 누가 먼저 공격을 시작할까?

2 돌진하는 거대한 흰코뿔소!
흰코뿔소가 적을 향해 서서히 다가간다. 공작갯가재를 향해 돌진할 계획이다. 강력한 몸집에 부딪히면 공작갯가재는 멀리 날아가 버릴 수도 있다. 위기를 맞는 공작갯가재…….

최강 배틀왕 토너먼트

재빠르게 몸을 피하며 강력한 펀치를 날리다!

3 강력한 펀치로 역전!

바람을 가르며 거침없이 나아가는 흰코뿔소. 바로 그때! 공작갯가재가 달려오는 흰코뿔소를 재빨리 피하더니 앞다리를 크게 휘둘러 강력한 펀치를 날린다. 강력한 펀치가 흰코뿔소의 턱을 강타하면서 순식간에 배틀이 끝이 났다.

결정타!

최강 필살기

재빠른 펀치 공격
공작갯가재는 자신을 향해 무섭게 돌진해 오는 적에게 멋진 펀치 한 방을 날렸다.

승리 — 공작갯가재

공격을 서두르지 않고 자신의 펀치가 닿을 수 있는 거리까지 적이 다가오도록 기다린 공작갯자개의 인내심이 좋은 결과를 가져왔다.

사바나의 무서운 무법자
벌꿀오소리

 예선전 A조-5

크기 비교

사자에게도 맞설 수 있는 무기

아프리카와 중동의 사바나 초원에 서식한다. 등에 몸을 보호해 주는 튼튼한 피부가 있어 뛰어난 방어력을 자랑한다. 턱의 힘이 세고 앞다리의 발톱이 발달했는데, 턱과 발톱은 사자도 피해 다닐 만큼 강력한 무기라고 한다.

파워 / 공격력 / 스피드 / 난폭성 / 지력 / 방어력

분류	포유류 식육목 족제빗과
식성	잡식
무기	앞다리의 발톱과 강한 턱
특징	공격적이다.
몸무게	약 10kg
몸길이	약 70cm

서식지: 아프리카 전 지역, 중동, 인도 등

최강 배틀왕 토너먼트

거대한 육식 여치
대왕여치

크기 비교

강력한 턱의 힘을 자랑하다!
곤충 중에서도 몸집이 크고 공격력도 뛰어나 '인도네시아의 악령'이란 별명을 얻었다. 턱의 힘이 세서 눈 깜짝할 사이에 골판지 상자를 다 뜯어 놓을 정도이다. 이렇게 강한 턱의 힘으로 다른 곤충을 잡아먹는다.

- 분　류 : 곤충류 여치아목 어리여치상과
- 식　성 : 육식(주로 곤충을 잡아먹는다.)
- 무　기 : 강한 턱
- 특　징 : 난폭하다.
- 몸무게 : 약 20g
- 몸길이 : 약 8cm

서식지 : 인도네시아의 비교적 *고도가 높은 지역

*고도: 평균 해수면을 0으로 하여 측정한 높이.

Fight!

예선전 A조-5

**전투 모드 돌입!
팽팽한 신경전!**

힘으로는 벌꿀오소리가 앞서지만, 대왕여치도 이에 뒤지지 않는 공격력과 단단한 몸을 지니고 있다. 벌꿀오소리의 무기가 앞다리의 기다란 발톱이라면, 대왕여치는 누구보다 강한 턱을 무기로 가지고 있다. 동물들의 불꽃 튀는 대결을 기대해 본다.

Go!

1 빠르게 전투 모드로!

양쪽 모두 사나운 성격을 지닌 탓에 상대를 마주하자마자 빠르게 전투태세를 갖춘다. 벌꿀오소리와 대왕여치가 서로를 무섭게 노려보자 배틀의 긴장감이 점점 높아진다. 누가 먼저 공격을 시작할 것인가?

2 대왕여치의 선제공격!

먼저 움직인 쪽은 대왕여치였다. 긴장감이 맴도는 틈을 타 대왕여치가 가뿐하게 날아올라 적의 등을 공격한다. 그리고 벌꿀오소리의 등을 물어뜯는다. 하지만 벌꿀오소리 등의 피부가 너무 단단해 아무런 상처도 입히지 못한다.

최강 배틀왕 토너먼트

3 벌꿀오소리의 반격!

벌꿀오소리의 등을 물고 늘어진 탓인지 대왕여치가 점점 지쳐간다. 벌꿀오소리가 그때를 놓치지 않고 대왕여치의 더듬이를 향해 달려들며 반격에 나선다. 벌꿀오소리는 맹렬한 기세로 대왕여치의 더듬이를 물어뜯으며 승리를 거둔다.

결정타!

전략적으로 상대의 빈틈을 공격하다!

최강 필살기

선제공격에 맞선 용맹함

벌꿀오소리는 대왕여치의 공격에도 기죽지 않고 공격할 기회를 노렸다. 그리고 반격에 성공해 멋지게 승리했다.

승리 — 벌꿀오소리

평소 자신보다 훨씬 몸집이 큰 사자나 코끼리를 상대로 당당히 맞서 싸우는 벌꿀오소리에게 대왕여치는 큰 위협이 되지 못했다.

동물의 왕, 거대 사자
바바리사자

 예선전 A조-6

크기 비교

무시무시한 발톱과 엄니

초원에 사는 보통의 사자들과 달리 숲을 좋아한다. 야생에서 생활하는 바바리사자는 멸종된 것으로 알려져 있으며, 일부의 사설 동물원에서 발견된다고 한다. 몸무게가 350kg이나 나가는 경우도 있으며, 날카로운 발톱과 엄니, 큰 몸집 등을 무기로 내세운다.

- 파워
- 방어력
- 공격력
- 지력
- 스피드
- 난폭성

 서식지: 모로코, 이집트 등

분 류	포유류 식육목 고양잇과
식 성	육식
무 기	발톱과 엄니
특 징	사납고 난폭하다.
몸무게	약 350kg
몸길이	약 4m

최강 배틀왕 토너먼트

괴력을 자랑하는 최강의 뱀
그린아나콘다

크기 비교

적의 뼈를 산산조각 내는 괴력

뱀 중에서 가장 큰 종류로, 아마존강 유역 등 남아메리카 열대 우림에 서식한다. 독을 지니고 있지는 않지만 먹잇감을 발견하면 온몸으로 감아 조여서 목숨을 빼앗는다. 재규어나 악어 같은 육식 동물을 죽일 수 있을 정도의 괴력을 지녔다.

분 류	파충류 뱀목 보아과
식 성	육식
무 기	몸으로 휘감아 세게 조이는 힘
특 징	난폭하다.
몸무게	약 200kg
몸길이	약 10m

서식지 남아메리카의 열대 우림

Fight!

적을 휘감아 괴력으로 조이는 그린아나콘다!

예선전 A조-6

Go!

이번에는 바바리사자와 그린아나콘다의 대결이 펼쳐진다. 이번 배틀에서는 서로의 무기를 얼마나 잘 살려서 싸우느냐가 주목 포인트다. 그린아나콘다가 강력한 힘으로 조여 오면 동물의 왕은 날카로운 발톱과 엄니로 맞설 것이다.

1 바바리사자의 선제공격!

먼저 공격을 시작한 쪽은 바바리사자였다. 바바리사자는 그린아나콘다를 향해 거칠게 달려들더니 날카로운 발톱으로 적의 머리를 할퀸다. 350kg의 몸무게와 날카로운 발톱을 이용한 공격은 강력했지만, 그린아나콘다는 모든 공격을 날렵하게 피한다.

2 그린아나콘다의 필살기 공격!

공격을 퍼붓던 바바리사자가 잠시 등을 보이자, 그린아나콘다가 바바리사자의 몸을 휘감기 시작한다. 이대로 그린아나콘다가 힘을 준다면 바바리사자의 뼈가 모조리 으스러질 것이다. 위기에 놓인 동물의 왕…….

최강 배틀왕 토너먼트

3 동물의 왕은 강했다!

하지만 발톱을 세워 자신의 몸을 휘감은 그린아나콘다의 가죽을 힘껏 할퀴는 바바리사자! 갑작스러운 공격에 큰 부상을 입은 그린아나콘다의 힘이 점점 약해진다. 바바리사자는 이 틈을 놓치지 않고 뾰족한 엄니로 그린아나콘다를 공격해 배틀을 끝낸다.

결정타!

무시무시한 발톱과 엄니로 적을 제압하다!

최강 필살기

발톱과 엄니의 파괴력

바바리사자는 강력한 발톱과 엄니로 그린아나콘다의 몸에 큰 부상을 입히는 데 성공했다.

승리 — 바바리사자

배틀 초반, 선제공격을 당한 바바리사자가 불리해 보였다. 하지만 바바리사자는 발톱과 엄니의 파괴력을 보여 주며 승부를 역전시켰다.

숲속 조용한 킬러
황금독화살개구리

예선전 A조-7

크기 비교

위험한 독 개구리
몸이 주황, 노랑, 황록색 등 화려한 색을 띠며 개미나 장수풍뎅이 등을 잡아먹는다. 자신을 지키기 위해 독을 지니고 있는데, 이 독은 몸에 스치기만 해도 목숨을 잃을 수 있는 강력한 독이다.

파워 / 방어력 / 공격력 / 지력 / 스피드 / 난폭성

분류	양서류 개구리목 독개구릿과
식성	육식 (주로 곤충을 잡아먹는다)
무기	강력한 독
특징	몸의 색이 화려하다.
몸무게	약 20g
몸길이	약 5cm

서식지: 남아메리카 콜롬비아의 숲 지대

최강 배틀왕 토너먼트

아프리카 대륙의 거대 괴물
아프리카코끼리

거대한 몸집과 엄니로 공격한다!

육지에 사는 가장 큰 동물로, 아프리카 대륙의 초원과 숲에서 무리 지어 생활한다. 완전히 성장하면 사자 떼가 덤벼도 쓰러뜨리지 못할 정도로 맞설 상대가 없다고 할 수 있다. 평소에는 온순하지만 화가 나면 아무도 당해 낼 수 없다.

크기 비교

파워 / 공격력 / 스피드 / 난폭성 / 지력 / 방어력

분류	포유류 장비목 코끼릿과
식성	초식
무기	거대한 몸과 뾰족한 엄니
특징	온순하지만 화가 나면 사나워진다.
몸무게	3~6t
몸길이	약 7m

서식지: 아프리카의 사바나 초원과 숲 지대

Fight!

선제공격에 나선 아프리카코끼리!

 예선전 A조-7

Go!

사자도 쉽게 쓰러뜨리지 못하는 동물로 알려져 있는 아프리카코끼리를 상대해야 하는 황금독화살개구리에게는 불리한 배틀일 것이다. 하지만 황금독화살개구리는 스치기만 해도 상대를 죽음에 이르게 할 정도의 맹독을 지니고 있다. 과연 황금독화살개구리가 독으로 아프리카코끼리의 파괴력을 이길 수 있을지, 멋진 대결을 기대해 본다.

1 갑작스러운 공격!
배틀이 시작되자마자 아프리카코끼리가 앞발을 높이 들더니 황금독화살개구리를 밟으려고 한다. 짧은 시간에 승부를 보려는 작전이다. 거대한 아프리카코끼리의 발에 밟힌다면 황금독화살개구리는 목숨을 잃게 될 것이다.

2 재빠르게 몸을 피하다!
황금독화살개구리가 아프리카코끼리의 앞발을 재빨리 피하자, 이번에는 아프리카코끼리가 엄니로 황금독화살개구리를 공격한다. 계속되는 적의 공격에 움츠러드는 황금독화살개구리! 과연 이대로 끝이 날 것인가?

최강 배틀왕 토너먼트

3 방어가 최대의 공격?

황금독화살개구리가 무서운 이유는 스치기만 해도 독이 퍼지기 때문이다. 계속 방어만 하고 있던 황금독화살개구리를 엄니로 공격했던 아프리카코끼리의 몸에 독이 퍼지기 시작한다. 그리고 잠시 후 입에 거품을 물고 쓰러지는 아프리카코끼리! 황금독화살개구리의 승리다.

결정타!

방어를 위한 맹독이 최대의 무기로!

최강 필살기

무시무시한 맹독

이번 배틀을 통해 황금독화살개구리의 독이 얼마나 강력한지 증명되었다.

승리 - 황금독화살개구리

거대한 코끼리를 쓰러뜨릴 수 있는 강력한 독을 지니고 있는 황금독화살개구리가 승리했다.

몸통 박치기 킬러
하마

예선전 A조-8

- 파워
- 방어력
- 공격력
- 지력
- 스피드
- 난폭성

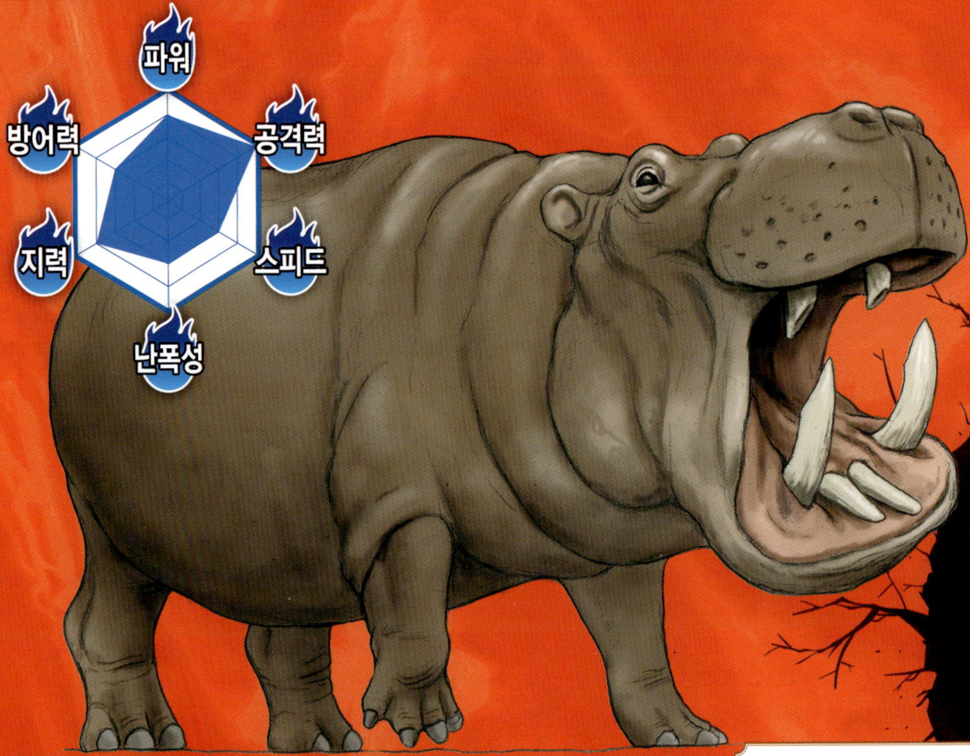

괴력을 자랑하다!
기본적으로는 초식이지만 악어나 사슴을 잡아먹기도 한다. 2~3t 정도의 몸무게 덕분에 하마의 몸통 박치기 공격은 사나운 육식 동물과의 싸움에서도 이길 수 있는 강력한 무기이다.

크기 비교

분 류	포유류 우제목 하마과
식 성	초식(육식을 하기도 한다.)
무 기	커다란 입과 엄니
특 징	영역을 침범하면 난폭해진다.
몸무게	약 2t
몸길이	약 4m

서식지 아프리카 중남부의 호수와 늪, 하천 등

최강 배틀왕 토너먼트

침묵의 흡혈 곤충
사람벼룩

자그마한 골칫거리
인간 등의 포유류의 피를 빨아 먹으며 살아간다. 수컷보다 암컷이 더 크지만 몸집이 작기 때문에 인간의 눈에는 쉽게 보이지 않는다. 피를 빨아 먹을 뿐만 아니라 다양한 병균을 옮기는 골칫거리이기도 하다.

크기 비교

분 류	곤충류 벼룩목 벼룩과
식 성	피를 빨아 먹는다.
무 기	흡혈 공격
특 징	점프력이 뛰어나다.
몸무게	약 0.001g
몸길이	약 2mm

서식지 지구 전 지역

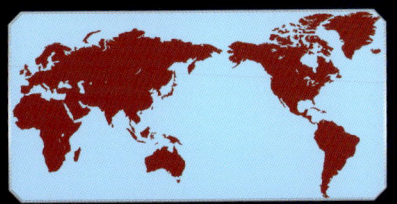

Fight!

예선전 A조-8

몸통 박치기를 당하기 직전 점프하는 사람벼룩!

Go!

거대한 하마와 흡혈 공격을 하는 사람벼룩의 배틀이 시작된다. 사람벼룩이 하마의 몸통 박치기를 피하려면 점프 실력을 최대한 발휘해야 할 것이다. 이번 배틀은 하마의 힘과 사람벼룩의 순발력 대결이 될 것이다.

1 전속력으로 돌진하는 하마!

배틀이 시작되자 하마가 맹렬한 기세로 사람벼룩을 향해 돌진한다. 거대한 하마와 충돌할 경우 상대는 차에 부딪힌 정도의 충격과 부상을 입을 수 있다. 하지만 사람벼룩은 충돌 직전에 높이 점프하여 하마의 공격을 피한다.

2 사람벼룩의 흡혈 공격!

하마의 몸통 박치기를 피한 사람벼룩이 다시 한번 점프하더니 하마의 머리 위에 올라탄다. 그리고 하마의 몸에 날카로운 입을 찔러 넣고 흡혈 공격을 시작한다. 하마의 피를 빨아 먹으며 점점 거대해지는 사람벼룩!

예선전 A조 평가

출전자 가운데 가장 뛰어난 지능을 자랑하는 인간이 먹바퀴를 상대로 안타깝게 패하고 말았다. 우승 후보로 유력해 보이던 아프리카코끼리, 흰코뿔소 등이 배틀에서 패하는 등 전혀 예상치 못했던 결과를 보여 준 예선전 A조의 배틀 무대를 다시 살펴보자.

반전을 거듭한 격렬한 배틀 무대!

현실에서 실제로 인간과 먹바퀴가 대결했다면, 우수한 지능을 지닌 인간이 승리했을 것이다. 하지만 이번 예선전에서는 먹바퀴의 공격을 받은 인간이 반칙을 사용하는 황당한 사건이 벌어졌다. 그럼에도 불구하고 인간은 결국 패하고 말았다. 먹바퀴의 타고난 강한 생명력이 승리한 것이다.

▲뛰어난 지능을 자랑하는 인간은 자신의 능력을 모두 발휘하지 못한 채 패배하고 말았다.

아프리카코끼리와 황금독화살개구리의 배틀에서는 강한 힘을 자랑하는 아프리카코끼리의 승리를 예상했었다. 하지만 두 동물의 대결에서 황금독화살개구리가 승리하면서 배틀에서는 자신이 가진 무기를 적절한 순간에 잘 활용하는 것이 승부를 가른다는 것을 알게 되었다.

▲황금독화살개구리가 강력한 독으로 거대한 상대를 제압했다.

배틀의 승부를 가른 타고난 기질!

벌꿀오소리와 대왕여치의 배틀은 양쪽 모두 공격적이고 대범한 모습을 보여 준 멋진 대결이었다. 먼저 공격을 시도한 쪽은 대왕여치였지만, 적의 공격을 방어한 벌꿀오소리가 반격을 가하며 역전에 성공했다. 이번 배틀에서 벌꿀오소리의 사나운 성질은 맹렬하게 공격해 오는 상대를 쓰러뜨리는 데 커다란 무기가 되었다.

▲벌꿀오소리가 맹렬한 기세로 대왕여치의 더듬이를 물어뜯는다.

▲'바다의 복서'라고 알려진 공작갯가재가 강력한 펀치를 날려 적을 제압했다.

공작갯가재와 흰코뿔소도 멋진 배틀을 보여 주었다. 바람을 가르며 돌진해 오는 흰코뿔소를 상대로 강력한 펀치를 날린 공작갯가재가 승리한 것이다. 공작갯가재의 침착하고 차분한 자세와 정확한 순간에 공격을 시도한 냉정함과 판단력이 승부를 가르는 요인이 되었다.

이어지는 예선전 B조의 흥미진진한 배틀도 기대해 보자!

최강 배틀왕 결정

 총알개미 **VS** 코모도왕도마뱀

 물소 **VS** 야자집게

 대왕문어 **VS** 북극곰

 라티페니스대왕길앞잡이 **VS** 부채머리수리

큰턱을 자랑하는 최강 개미
총알개미

 예선전 B조-1

크기 비교

강력한 독을 자랑한다!

세계에서 가장 큰 개미로 알려져 있으며, 여왕개미의 경우 몸길이가 4cm에 이르는 것도 있다. 공격 무기는 큰턱과 독침이며, 침에 쏘이면 마치 총알을 맞은 것처럼 아프다고 해서 총알개미로 불리게 되었다.

분 류	곤충류 벌목 개밋과
식 성	잡식
무 기	큰턱과 독침
특 징	매우 사납다.
몸무게	약 0.3mg
몸길이	2.5~4cm

서식지 남아메리카 동부

최강 배틀왕 토너먼트

인도네시아의 거대 도마뱀
코모도왕도마뱀

파워 / 공격력 / 스피드 / 난폭성 / 지력 / 방어력

크기 비교

대형 동물도 쓰러뜨리는 강한 독성
독성이 느리게 퍼지는 독을 지니고 있기 때문에 코모도왕도마뱀에게 물리면 서서히 마비 증상이 일어난다. 독이 퍼지는 속도는 느리지만 독성이 강해 멧돼지, 물소 등 자신보다 훨씬 큰 포유류도 쓰러뜨릴 수 있다.

분류	파충류 뱀목 왕도마뱀과
식성	육식
무기	이빨 사이에서 나오는 독
특징	사냥 외에는 많이 움직이지 않는다.
몸무게	50~70kg
몸길이	약 3m

서식지: 인도네시아 남부

Fight!

 예선전 B조-1

예선전 B조의 첫 번째 배틀은 독을 지닌 동물들의 대결이다. 힘으로는 코모도왕도마뱀이 유리해 보이지만, 총알개미도 강한 턱과 독침이라는 강력한 무기가 있기 때문에 막상막하의 치열한 대결이 될 것이다. 양쪽 모두 최선을 다하는 긴장감 넘치는 대결을 기대해 본다.

누가 먼저 공격할 것인가?

Go!

1 독 VS 독!

배틀이 시작되자 양쪽 모두 전투 태세를 갖춘다. 코모도왕도마뱀은 입을 크게 벌리고 혀를 내밀어 상대를 위협한다. 총알개미도 큰턱을 최대한 벌려 상대를 물려는 자세를 취한다. 어느 쪽이 먼저 공격할 것인가?

2 독 공격이 실패하다!

코모도왕도마뱀이 총알개미의 머리를 세게 물어 공격을 시도한다. 하지만 단단한 총알개미에게 아무런 상처도 입히지 못하고, 독 공격도 통하지 않는다. 코모도왕도마뱀의 독이 곤충인 총알개미에게는 효과가 없는 것일까?

최강 배틀왕 토너먼트

3 번개처럼 빠른 공격!

적의 공격을 방어하는 데 성공한 총알개미가 독침을 휘두르며 반격을 시작한다. 총알개미의 독침이 코모도왕도마뱀의 몸을 찌른 순간, 코모도왕도마뱀의 몸속에 독이 빠르게 퍼져 결국에는 기절하고 만다.

결정타!

최강 필살기

강력한 독침 공격!

총알개미가 단단한 몸으로 상대의 공격을 방어함과 동시에 필살기인 독침 공격으로 승리했다.

승리 - 총알개미

코모도왕도마뱀은 성장하면서 피부 밑에 갑옷 같은 조직이 발달하여 몸이 단단해진다. 만약 나이가 더 많은 코모도왕도마뱀이 배틀에 출전했다면 총알개미의 독침 공격을 막아 낼 수 있었을지도 모른다.

총알개미의 독 공격에 쓰러진 코모도왕도마뱀!

야생의 사나운 소
물소

 예선전 B조-2

크기 비교

몸집과 긴 뿔로 승부를 내다!

보통의 소와 비교했을 때 뿔이 더 길고 몸무게가 1t이 넘을 정도로 몸집이 크다. 싸울 때는 수컷끼리 큰 뿔을 서로 맞부딪히며 싸운다. 야생에서는 호랑이의 사냥감이 되기도 하지만 오히려 반격을 하여 호랑이에게 부상을 입히는 경우도 있다고 한다.

파워 / 방어력 / 공격력 / 지력 / 스피드 / 난폭성

분　류	포유류 우제목 솟과
식　성	초식
무　기	거대한 뿔
특　징	성격이 거칠다.
몸무게	약 1t
몸길이	약 2.5m

서식지 인도, 네팔, 부탄, 태국

최강 배틀왕 토너먼트

괴력의 가위손
야자집게

크기 비교

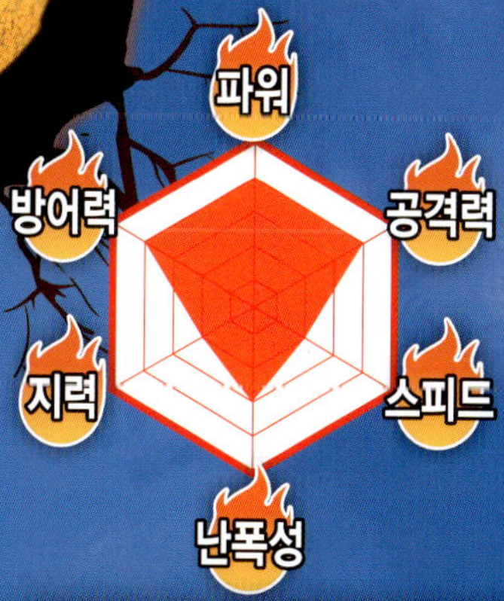

- 파워
- 공격력
- 스피드
- 난폭성
- 지력
- 방어력

무엇이든 잡아먹는 난폭함
단단한 나뭇가지를 쉽게 박살 낼 수 있는 야자집게의 집게발은 갑각류 중에서도 힘이 센 편이다. 그 힘은 사자의 물어뜯는 힘과 비슷하다고 한다. 식욕이 왕성해서 거북의 알이나 죽은 동물, 나무 열매 등 눈에 보이는 것은 뭐든지 먹어 치운다.

- **분류** 갑각류 십각목 뭍집게과
- **식성** 잡식
- **무기** 거대한 집게발
- **특징** 무엇이든 먹어 치운다.
- **몸무게** 약 4kg
- **몸길이** 약 40cm

서식지 인도양, 서태평양 지역

Fight!

물소의 뿔 공격! 야자집게의 운명은?

 예선전 B조-2

이어지는 두 번째 배틀은 물소와 야자집게의 대결이다. 체력은 물소가 야자집게보다 강하지만 날카로운 가위와도 같은 야자집게의 집게발도 무시할 수 없는 강력한 무기다. 하지만 야자집게는 발이 느리기 때문에 정면에서 돌진하는 물소를 상대한다면 큰 상처를 입을 수도 있다. 야자집게가 물소를 상대로 어떤 전략을 펼칠지 기대해 보자.

Go!

1 물소의 선제공격!

배틀이 시작되자 물소가 순식간에 야자집게를 덮친다. 발이 느린 야자집게가 도망가지 못하자 물소는 큰 머리로 야자집게의 가슴을 밀며 뾰족한 뿔로 찌르려고 한다.

2 단단한 방패를 뚫지 못한 뿔!

물소의 뿔은 육식 동물의 몸을 단번에 구멍 낼 수 있을 정도로 힘이 세다. 하지만 야자집게의 가슴은 단단한 껍데기로 둘러싸여 있어서 물소의 뿔 공격이 실패하고 만다.

최강 배틀왕 토너먼트

3 물소의 최후!

야자집게를 계속 공격하던 물소가 지쳤는지, 헉헉대며 숨을 몰아쉰다. 야자집게는 이때를 기다렸다는 듯 강력한 집게발로 물소의 앞다리를 잡아 조이기 시작한다. 그 고통을 견디지 못한 물소는 그만 쓰러지고 만다.

최강 필살기

강력한 가위손
야자집게의 딱딱한 껍데기와 뾰족한 가위손 앞에서는 힘이 센 물소도 실력을 발휘하지 못했다.

결정타!

강력한 가위손의 무시무시한 공격!

승리 - 야자집게

단단한 껍데기라는 방어 무기와 강한 가위손이라는 공격 무기로 최선을 다해 싸운 야자집게가 승리를 거머쥐었다.

대왕문어
상대를 휘감는 바다의 악마

예선전 B조-3

크기 비교

상어를 덮치는 난폭함
주로 추운 지역의 바다에 서식하며 문어 중에서 가장 큰 종으로 알려져 있다. 물고기, 새우, 조개 등 무엇이든 먹어 치울 뿐 아니라 상어를 덮칠 정도로 난폭하다. 먹잇감을 발견하면 유연한 몸으로 상대를 휘감아 꼼짝 못 하게 만든다.

파워 / 공격력 / 스피드 / 난폭성 / 지력 / 방어력

분　류	두족류 문어목 문어과
식　성	육식
무　기	8개의 다리와 빨판
특　징	무엇이든 먹어 치우며 사납다.
몸무게	10~50kg
몸길이	3~5m

서식지 북태평양 및 북아메리카 북서부 해안

최강 배틀왕 토너먼트

육지의 펀치 왕자
북극곰

크기 비교

육지에서 가장 큰 육식 동물

육지에서 가장 큰 육식 동물로 북극에 서식한다. 몸 전체가 흰색의 털로 덮여 있고, 몸집이 큰 경우 몸무게가 800kg이 나가는 북극곰도 있다. 북극의 두꺼운 얼음에 구멍을 뚫고 그곳으로 얼굴을 내미는 바다표범 같은 동물들을 잡아먹는다. 몸이 매우 크지만 수영 실력이 뛰어나다.

분 류	포유류 식육목 곰과
식 성	육식
무 기	강력한 펀치
특 징	끈질기다.
몸무게	200~800kg
몸길이	2~3m

서식지 북극권

Fight!

예선전 B조-3

예선전 B조의 세 번째 배틀은 바닷가에서 펼쳐지는 대왕문어와 북극곰의 대결이다. 땅 위에서의 대결이라면 북극곰이 유리하지만 물속이라면 대왕문어도 이길 수 있는 가능성이 있다. 대왕문어의 강력한 다리와 빨판의 힘이 북극곰을 쓰러뜨릴 수 있을까? 북극곰은 대왕문어를 어떻게 땅으로 끌어 올릴 수 있을까?

배틀 장소는 육지일까, 바다일까?

Go!

1 바다 VS 육지!

배틀이 시작되자 대왕문어가 바닷속에서 얼굴을 내밀어 북극곰을 노려본다. 육지에 있는 북극곰도 대왕문어를 노려보며 배틀 무대는 팽팽한 긴장감이 감돈다. 서로 상대를 자신에게 유리한 장소로 유인하기 위해 눈치를 보는 중이다.

2 북극곰의 선제공격!

먼저 공격을 시도한 쪽은 북극곰이다. 앞발로 대왕문어를 잡아 육지로 끌어 올리려고 한다. 하지만 대왕문어는 자신의 무기인 8개의 다리로 북극곰의 팔다리를 휘감아 움직이지 못하도록 만든다.

최강 배틀왕 토너먼트

3 다리 하나를 잃고도 공격하다!

대왕문어가 있는 힘을 다해 북극곰을 바닷속으로 끌고 들어간다. 북극곰이 앞발을 휘둘러 대왕문어의 다리 1개를 뜯으며 반격을 해 보지만 대왕문어는 다리를 잃고도 꿈쩍하지 않는다. 대왕문어의 다리에 휘감겨 바닷속으로 끌려 들어간 북극곰이 결국에는 정신을 잃고 만다.

결정타!

대왕문어의 끈질긴 공격!

최강 필살기

대왕문어의 배틀 전략
대왕문어는 지능이 높은 동물로 알려져 있다. 자신이 유리해질 때까지 기다렸다가 공격을 시도해 성공했다.

승리 — 대왕문어

만약 대왕문어의 수명이 조금만 더 길었더라면 해저 도시를 만들 수도 있을 것이라는 말이 있을 정도로 문어는 높은 지능을 자랑한다.

곤충계 최강 전사
라티페니스대왕길앞잡이

 예선전 B조-4

크기 비교
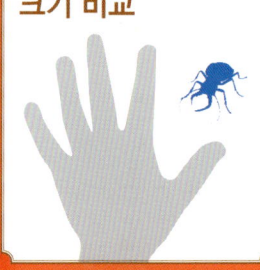

최고의 전투 곤충
길앞잡이 중에서 가장 큰 종으로 알려져 있다. 공격성이 매우 강하며 움직임이 빠르다. 몸이 튼튼하고 전투력이 뛰어나 배틀에 유리한 조건을 갖추고 있다.

파워 · 방어력 · 공격력 · 지력 · 스피드 · 난폭성

분 류	곤충류 딱정벌레목 딱정벌렛과
식 성	육식
무 기	강한 턱과 스피드
특 징	난폭하다.
몸무게	알려지지 않음.
몸길이	약 6cm

서식지 남아프리카 공화국 등 아프리카 남부

최강 배틀왕 토너먼트

하늘을 나는 사나운 포식자
부채머리수리

크기 비교

파워
방어력 · 공격력
지력 · 스피드
난폭성

뾰족한 발톱 공격
독수리, 매 등의 맹금류 가운데 가장 큰 몸집을 자랑한다. 하늘을 날며 땅 위의 먹잇감을 찾아 강력한 발톱으로 낚아챈다. 긴 발톱으로 자신보다 큰 포유류를 덮치기도 한다. 부채머리수리의 움켜쥐는 힘(악력)은 인간의 약 3배이다.

분류	조류 수리목 수릿과
식성	육식
무기	악력과 뛰어난 시력
특징	지능이 높고 사납다.
몸무게	약 7.5kg
몸길이	약 100cm

서식지 중앙아메리카, 남아메리카 등의 열대 우림

Fight!

예선전 B조-4

서로를 위협하며 전투태세를 갖추다!

이어지는 배틀은 하늘에서 싸우는 공중전이 될지, 땅에서 싸우는 대결이 될지 아무도 알 수 없다. 만약 땅에서 대결이 펼쳐질 경우 라티페니스대왕길앞잡이는 강인한 턱을 이용해 부채머리수리를 공격할 수 있다. 부채머리수리가 날카로운 발톱과 부리로 상대를 공격하는 데 성공할 수 있을지 지켜보자.

Go!

1 공격 기회를 노리는 부채머리수리!

라티페니스대왕길앞잡이는 큰턱을 벌려 하늘에 있는 상대를 위협한다. 하늘 높이 날고 있는 부채머리수리도 뛰어난 시력으로 라티페니스대왕길앞잡이를 지켜보며 발톱을 펴고 적의 몸을 낚아챌 준비를 한다.

2 드디어 시작된 공격!

공중에서 눈에 보이지 않을 정도로 재빠르게 날아 내려온 부채머리수리가 상대에게 몸통 박치기를 한다. 라티페니스대왕길앞잡이도 큰턱을 휘두르며 반격을 시도해 보지만 공중에서 퍼붓는 공격에 상처를 입고 만다.

최강 배틀왕 토너먼트

3 부채머리수리에게 유리한 공중전!

부채머리수리가 뾰족한 발톱으로 상대의 몸통을 잡더니 하늘 높이 날아오른다. 라티페니스대왕길앞잡이에게는 너무나 불리한 공중전이 되고 말았다. 이어지는 부채머리수리의 발톱 공격을 받고 땅에 떨어진 라티페니스대왕길앞잡이는 그대로 패배를 선언한다.

결정타!

공중전으로 적을 제압하다!

최강 필살기
공중전 공격
부채머리수리는 자신에게 유리한 공중전으로 적을 유인하여 승리했다.

🏆 승리
부채머리수리
부채머리수리의 옆얼굴은 강인하고 매서워 보이지만, 정면에서 보면 귀여워 보이기도 한다.

공포의 맹독 괴물 새
피토휘

 예선전 B조-5

크기 비교

파워 / 방어력 / 공격력 / 지력 / 스피드 / 난폭성

맹독을 지닌 깃털과 피부
주로 뉴기니섬에 서식하며, 맹독을 가진 새로 알려져 있다. 검은색과 황금색을 띠며 매우 화려한 외모를 뽐내지만 피부에 '호모바트라코톡신'이라는 독이 있다. 이 독은 인간도 죽음에 이르게 할 수 있는 매우 위험한 맹독이다.

분류	조류 참새목 때까치딱샛과
식성	잡식
무기	깃털과 피부에 있는 독
특징	털의 색이 화려하다.
몸무게	약 65g
몸길이	약 25cm

서식지 인도네시아, 파푸아 뉴기니 주변

최강 배틀왕 토너먼트

붉은 눈의 악마
큰건조지대여치

크기 비교

메뚜기류 중 최강의 힘
메뚜기 종류 중에서 몸집이 가장 크고 몸길이가 10cm 이상이나 된다. 가시가 돋은 다리로 다른 곤충을 잡아 강한 턱으로 물어 사냥한다. 사나운 성격 때문에 '붉은 눈의 악마'라는 이름으로도 불린다.

분 류	곤충류 메뚜기목 여칫과
식 성	육식
무 기	강력한 턱과 앞다리의 가시
특 징	사납다.
몸무게	알려지지 않음.
몸길이	10cm 이상

서식지 미국 텍사스주의 건조 지대

최강 배틀왕 토너먼트

3 예상치 못한 반전!

피토휘의 깃털과 피부에는 강력한 독이 있다. 피토휘의 독에 닿은 큰건조지대여치가 곧 쓰러질 것으로 예상했지만, 큰건조지대여치는 아무렇지 않은 듯 피토휘의 몸을 물어뜯기 시작한다. 곤충에게는 피토휘의 독이 통하지 않았던 것이다.

결정타!

맹독 공격이 실패하다!

최강 필살기

강인한 턱

큰건조지대여치는 강인한 턱으로 적을 물어 큰 상처를 입히는 데 성공했다.

승리 — 큰건조지대여치

맹독으로 알려진 피토휘의 독은 곤충을 잡아먹고 생긴 독이라고 알려져 있다. 그래서 곤충에게는 통하지 않았던 것으로 보인다.

공포의 발차기 왕
회색캥거루

 예선전 B조-6

크기 비교

점프와 발차기 공격
캥거루 중에 가장 큰 종으로 점프력이 뛰어나 8m가 넘는 높이를 뛰어넘기도 한다. 수컷끼리는 꼬리로 몸을 지탱하고 킥복싱처럼 팔과 다리를 이용해 싸운다. 회색캥거루의 양발차기는 매우 강력한 공격 무기이다.

- **분 류** 포유류 캥거루목 캥거루과
- **식 성** 초식
- **무 기** 발차기 공격, 점프력
- **특 징** 조심성이 많다.
- **몸무게** 약 60kg
- **몸길이** 약 150cm

서식지 호주

최강 배틀왕 토너먼트

세계에서 가장 위험한 새
화식조

크기 비교

공포의 발차기 공격

새지만 날지는 못한다. 타조 다음으로 큰 몸집을 가졌으며 발차기가 매우 강해서 인간도 쓰러뜨릴 수 있을 정도이다. '세계에서 가장 위험한 새'로 기네스북에 오른 동물이기도 하다. 완전히 성장하고 나면 상대할 만한 적이 없을 정도로 강하다고 한다.

분류	조류 화식조목 화식조과
식성	잡식
무기	강렬한 발차기
특징	조심성이 많다.
몸무게	30~80kg
몸길이	130~170cm

서식지 인도네시아, 오세아니아의 열대 우림

Fight!

최강 발차기 왕은
누가 될 것인가?

 예선전 B조-6

이번 배틀은 발차기가 특기인 동물들의 대결이다. 회색캥거루는 귀여운 외모만 봐서는 상상도 못할 정도로 강한 발차기와 펀치를 무기로 가졌다. 한편 화식조는 길고 날카로운 발톱을 가진 힘센 다리를 자랑한다. 지금부터 발차기 선수들의 멋진 대결이 펼쳐진다.

Go!

1 발차기 공격으로 시작하다!

양쪽 모두 발차기가 특기지만 자세히 보면 조금 다르다. 묵직한 느낌의 회색캥거루의 발차기와는 달리 화식조는 빠르고 날카로운 느낌을 준다. 둘의 다리 길이가 비슷하기 때문에 승부가 쉽게 나지 않을 것으로 예상된다.

2 점점 치열해지는 배틀!

회색캥거루는 두 팔을 사용하기 때문에 상대와 가까워지면 펀치를 날리거나 상대를 잡을 수 있다. 화식조에게는 없는 무기를 지니고 있는 것이다. 그런데 한참 공격을 주고받던 도중에 회색캥거루가 잠시 고개를 돌린다.

최강 배틀왕 토너먼트

3 빈틈을 보인 회색캥거루!

화식조가 그 순간을 놓치지 않고 회색캥거루의 옆구리를 향해 강력한 발차기를 퍼붓는다. 회색캥거루는 순식간에 쓰러지고 만다.

결정타!

기습 발차기로 적을 제압하다!

최강 필살기

기습 발차기

회색캥거루가 잠시 방심한 틈을 타 기습 발차기 공격을 해서 승리했다.

승리 — 화식조

이번 배틀에서는 캥거루의 앞으로만 나아가는 특성이 약점이 되었다. 하지만 이러한 캥거루의 특성은 '전진만 있을 뿐'으로 해석되어 호주의 국가적인 상징이 되기도 했다.

남극의 잔인한 사냥꾼
레오파드바다표범

 예선전 B조-7

크기 비교
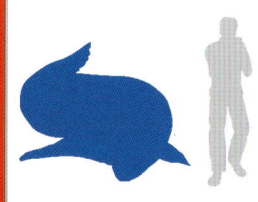

파워 / 공격력 / 스피드 / 난폭성 / 지력 / 방어력

재빠른 몸과 남다른 공격력
회색 몸에 검은색 반점이 있다. 다른 동물들이 이 반점을 바위로 착각하게 하여 다가간 뒤 잡아먹는다고 한다. 먹이를 날카로운 엄니로 물어 잔인하게 죽이는 사나운 성격을 가진 동물이다.

분류	포유류 식육목 물범과
식성	육식
무기	크게 벌어지는 턱과 날카로운 엄니
특징	공격적이다.
몸무게	400~590kg
몸길이	3~3.4m

서식지 남반구, 남극 대륙 주변

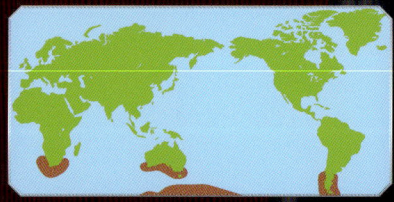

최강 배틀왕 토너먼트

세상에서 가장 위험한 독거미
브라질방황거미

크기 비교

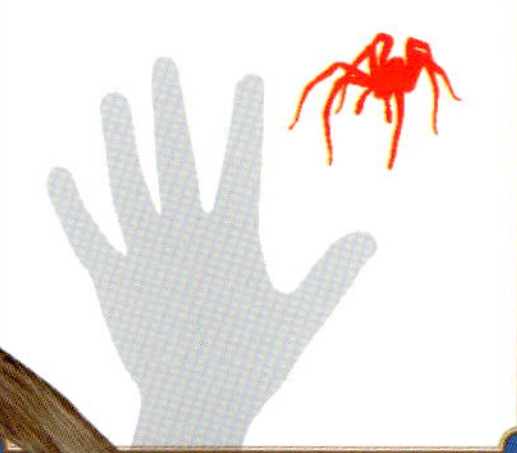

무시무시한 독성
보통의 거미와 달리 집을 짓지 않고 땅 위에서 생활한다. 밤에 먹이를 찾아 다니는 야행성이며, 곤충 외에 작은 쥐를 먹기도 한다. 브라질방황거미 한 마리의 임니에서 나오는 독은 인간 80명을 죽음에 이르게 할 정도로 강력하다고 한다.

- 파워
- 방어력
- 공격력
- 지력
- 스피드
- 난폭성

분류	거미류 거미목 너구리거밋과
식성	육식
무기	엄니에서 나오는 맹독
특징	먹잇감을 매우 거칠게 덮친다.
몸무게	5~6g
몸길이	5~8cm

서식지 브라질을 포함한 남아메리카

Fight!

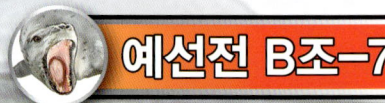
예선전 B조-7

튼튼한 턱과 엄니를 자랑하는 레오파드바다표범과 맹독 엄니를 자랑하는 브라질방황거미가 배틀 준비를 한다. 상대를 물어 바로 기절시키는 맹독을 지닌 브라질방황거미를 상대로 무적의 레오파드바다표범이 승리할 수 있을지 지켜보자.

날카로운 엄니로 공격하다!

Go!

1 거칠게 발을 물어뜯다!
배틀이 시작되자 사나운 레오파드바다표범이 재빠르게 브라질방황거미에게 다가가 발을 물어뜯는다. 브라질방황거미의 가느다란 다리가 곧 떨어져 나갈 것 같다. 브라질방황거미는 위기에 빠지고 마는데……

2 공격 VS 방어!
브라질방황거미가 나머지 다리들을 이용해 방어하며 몸통을 물리지 않기 위해 애쓴다. 승부의 세계에서는 잠시도 틈을 보이지 않는 것이 가장 중요하다.

최강 배틀왕 토너먼트

3 승부를 가른 필살의 독 공격!

반격의 기회를 노리던 브라질방황거미가 재빠르게 움직여 레오파드바다표범의 목덜미를 문다. 브라질방황거미의 강력한 독이 퍼지자, 레오파드바다표범이 스르륵 쓰러지고 만다.

결정타!

재빠른 반격이 승부를 가르다!

최강 필살기

엄니의 맹독

브라질방황거미의 순발력과 강력한 독이 승리를 이끌었다.

승리 — 브라질방황거미

브라질방황거미는 맹독을 지녔을 뿐만 아니라 위기 상황에 몰리면 놀라운 점프 실력을 선보이기도 한다.

공포의 악취왕
줄무늬스컹크

 예선전 B조-8

크기 비교

파워 / 공격력 / 스피드 / 난폭성 / 지력 / 방어력

고약한 냄새를 풍기다!

낮 동안은 굴에서 지내고 밤이 되면 밖으로 나와 작은 동물과 곤충류를 잡아먹으며 살아간다. 적에게 공격을 받으면 항문에서 고약한 냄새를 지닌 물질을 내뿜는데, 이것은 냄새가 심할 뿐만 아니라 상대의 눈을 멀게 할 정도로 강력한 무기로 쓰인다.

분류	포유류 식육목 스컹크과
식성	잡식
무기	고약한 냄새
특징	겁이 많다.
몸무게	700g~2.5kg
몸길이	33~45cm

서식지 북아메리카의 초원이나 삼림

속임수를 쓰는 최강 거북
악어거북

크기 비교

무엇이든 부숴 버리는 턱과 엄니

거북 중에서도 몸이 가장 크고 힘이 세다. 날카로운 엄니를 가지고 있으며 턱의 힘이 매우 세서 딱딱한 조개껍데기를 씹어서 으깨 버릴 수 있을 정도이다. 가늘고 긴 혀를 내밀어 지렁이처럼 보이게 하는 속임수를 써서 가까이 다가온 물고기를 잡아먹는다.

분 류	파충류 거북목 늑대거북과
식 성	잡식(고기를 좋아한다.)
무 기	날카로운 엄니
특 징	신경질적이다.
몸무게	60~183kg
몸길이	50~80cm

서식지 북아메리카의 더운 지역

77

Fight!

예선전 B조-8

드디어 예선전 B조의 마지막 배틀이 시작된다. 이번 배틀은 악취와 무는 힘의 대결이다. 무엇이든 부숴 버리는 악어거북의 턱과 엄니도 위협적이지만, 줄무늬스컹크의 고약한 냄새도 한순간에 승부를 낼 수 있을 정도로 강력하다. 과연 악어거북이 줄무늬스컹크의 악취 공격을 이겨 낼 수 있을까?

함정에 빠진 줄무늬스컹크!

Go!

1 악어거북의 함정!

배틀이 시작되자 악어거북이 입을 벌리더니 자신의 혀를 빠르게 움직인다. 줄무늬스컹크는 악어거북의 혀가 자신이 좋아하는 지렁이인 줄 알고 다가가 물려고 한다. 악어거북의 전략이 성공한 것일까?

2 필살기로 반격!

악어거북이 가까이 다가온 줄무늬스컹크를 물려고 한다. 그 순간 위험을 알아챈 줄무늬스컹크가 재빠르게 피하더니 고약한 냄새를 풍기는 물질을 내뿜는다. 공격을 받은 악어거북은 코와 눈에 심각한 부상을 입는다.

최강 배틀왕 토너먼트

3 적의 시력을 잃게 하다!

줄무늬스컹크가 내뿜은 물질은 냄새가 고약할 뿐만 아니라 상대의 눈에 자극을 주어 시력을 잃게 할 정도로 위험하다. 악어거북은 예상치 못한 공격으로 시력과 후각을 잃고 더 이상 싸울 수 없는 상태가 되었다. 줄무늬스컹크의 승리다.

줄무늬스컹크의 최강 필살기!

결정타!

최강 필살기

강력한 냄새 공격

줄무늬스컹크가 내뿜은 물질이 승패를 결정했다. 무서울 게 없던 악어거북이 정신을 잃고 말았다.

승리 — 줄무늬스컹크

악어거북은 시력이 좋은 편이 아니다. 그래서 시력보다 후각이 발달했는데, 줄무늬스컹크의 공격이 악어거북의 후각에 크게 상처를 입혔을 것으로 추측한다.

예선전 B조 평가

최강 배틀왕 결정 토너먼트 예선전이 모두 끝이 났다. 치열한 싸움과 최강 필살기를 보여 준 예선전 B조의 배틀은 땅 위와 물속 그리고 하늘 같은 다양한 무대를 배경으로 흥미진진한 대결이 펼쳐졌다.

의외의 활약과 반전!

A조에서는 바바리사자, 아프리카코끼리, 마운틴고릴라와 같이 이름만 들어도 강력해 보이는 동물들이 눈에 띄었다. 반면 B조에서는 야자집게, 큰건조지대여치, 브라질방황거미 등 좀처럼 들어 보지 못한 동물들이 등장했다. 하지만 이들은 자신의 무기를 최대한 살려 큰 어려움 없이 승리해 다음 배틀에 진출한다. 특히 대왕문어는 북극곰을 휘감아 자신에게

▲대왕문어는 북극곰을 바닷속으로 유인하여 승리했다.

유리한 바닷속으로 끌고 들어가 북극곰을 쓰러뜨리고 승리를 거머쥐었다.

예상치 못한 반전도 있었다. 코모도왕도마뱀이나 피토휘 같이 맹독을 지녀 승리를 예상했던 동물들 중에서 브라질방황거미를 제외하고는 모두 패배를 맛보았다. 브라질방황거미는 어디까지 진출할 수 있을지 지켜보자.

▲브라질방황거미는 레오파드바다표범의 목덜미를 공격했다.

숨은 실력자들의 반격!

화식조나 줄무늬스컹크 같은 숨은 실력자들의 활약도 눈에 띄었다. 또한 힘이 세고 물속 싸움에도 뛰어난 북극곰을 쓰러뜨린 대왕문어의 전략도 모두를 놀라게 했다. 회색캥거루와 화식조는 발차기라는 같은 무기를 가지고 있어 팽팽한 긴장감이 감도는 대결을 예상했지만, 화식조가 앞으로만 나아가는 캥거루의 약점을 파악한 뒤 강렬한 발차기를 날려 승리했다.

▲관심을 모았던 발차기 대결에서는 회색캥거루가 약점을 보이면서 화식조가 승리를 거두었다.

▲줄무늬스컹크의 고약한 냄새 공격이 성공했다.

악어거북과 줄무늬스컹크의 대결에서는 시각보다 후각이 발달한 악어거북을 상대로 자신의 필살기인 고약한 냄새 공격을 했던 줄무늬스컹크가 승리했다. 이처럼 예선전 B조에서는 평소 우리가 강하다고 생각하지 못했던 숨은 실력자들이 큰 활약을 펼쳤다.

숨은 실력자들의 활약이 돋보였던 예선전 B조를 마친다.

최강 배틀왕 동물 퀴즈

지구상에 살고 있는 다양한 동물 중에는 신비한 능력과 특성을 가진 동물들이 있다. 다음 퀴즈를 통해 만나 보는 동물들에게는 어떤 능력과 습관이 있는지 살펴보자.

 **이 물질은 바퀴벌레에서 발견되었다. 인간에게 도움이 된다고 알려져 있는 이 물질은 과연 무엇일까?**

 징그러운 생김새와 지저분한 곳에 서식한다는 이유 때문에 많은 사람이 바퀴벌레를 꺼림칙해한다. 그렇기 때문에 바퀴벌레에서 발견한 물질이 인간에게 도움이 된다는 것이 믿기 어려울 수도 있다. 하지만 이 물질에 대한 연구는 아직도 진행되고 있다고 한다.

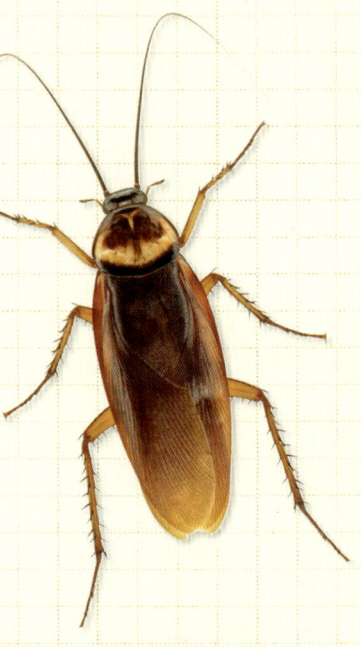

Q.2 고릴라가 가슴을 두드릴 때 가위, 바위, 보 중에서 어떤 모양의 손으로 가슴을 두드릴까?

힌트▶ 고릴라는 가슴을 두드려 자신의 존재를 알린다고 한다. 먼 곳까지 소리가 울려 퍼질 수 있게 하려면 이 모양의 손으로 가슴을 두드리는 것이 가장 효과적이다.

Q.3 주로 나무 위에서 생활하는 나무늘보가 땅 위로 내려올 때가 있다. 무엇을 하기 위해서 내려올까?

힌트▶ 인간은 거의 매일 하는 일이지만 나무늘보는 일주일에 한 번 정도 이 행동을 한다고 한다.

Q.4 인간은 물론 소, 플라밍고(홍학류)도 이 존재를 만든다고 한다. 이들이 공통적으로 만든다는 존재는 무엇일까?

힌트▶ 즐거움이나 슬픔을 함께 나눌 수 있는 친근한 존재이다.

Q.5 남아메리카 지역에 서식하는 고양잇과 동물 '마게이'는 사냥을 할 때 특이한 행동을 한다고 한다. 어떤 행동을 할까?

힌트▶ 먹잇감이 방심하도록 만든 후 다가가는 전략이다. 조금 비겁한 방법일 수도 있지만 상대를 속이는 똑똑한 전략이기도 하다.

▶ 정답과 해설은 136쪽 참고

무적의 육식 공룡
티라노사우루스

 스페셜 배틀-1

크기 비교

역사상 최대의 육식 공룡
약 6700만~6500만 년 전에 서식했다. 전체 몸길이가 13m 정도로 현재까지 알려진 바에 따르면 지상 최대의 육식 공룡이다. 2개의 뒷다리로 걸어서 이동하고 다른 공룡을 잡아먹은 것으로 추정된다. 턱의 힘이 악어와 거의 같은 수준이다.

- 파워
- 방어력
- 공격력
- 지력
- 스피드
- 난폭성

분 류	파충류 용반목 티라노사우루스과
식 성	육식
무 기	단단한 뼈도 잘게 부수는 튼튼한 턱
특 징	매우 거대하다.
몸무게	약 7t
몸길이	약 13m

서식지 백악기 북아메리카

최강 배틀왕 토너먼트

무시무시한 거대 지네
아르트로플레우라

크기 비교

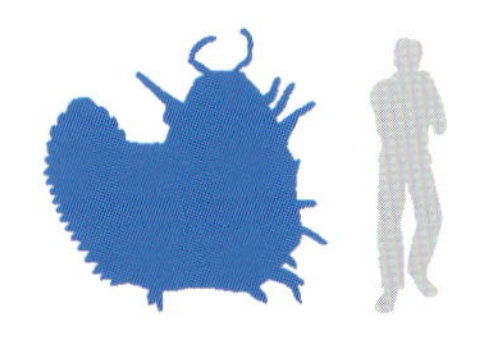

징그러운 거대 괴물
약 3억 6천만 년 전 공룡 시대 이전에 북아메리카에서 서식했으며, 몸길이가 3m 정도나 된다. 몸집이 크지만 낙엽이나 식물을 먹는 초식 동물로 1년에 1t 정도를 먹어 치운다고 알려져 있다.

- **분 류** 절지동물류 아르트로플레우라목 아르트로플레우라과
- **식 성** 초식
- **무 기** 강력한 턱
- **특 징** 몸이 단단하다.
- **몸무게** 알려지지 않음.
- **몸길이** 약 3m

서식지 석탄기 북아메리카의 숲 지대

Fight!

스페셜 배틀-1

현재는 볼 수 없는 멸종 동물들이 선보이는 스페셜 배틀을 준비해 보았다. 그 첫 번째 무대는 육식 공룡 중에서 가장 큰 티라노사우루스와 땅을 기어 다니는 거대 지네, 아르트로플레우라의 대결이다.

거대한 다리로 공격하는 공룡!

Go!

1 티라노사우루스의 공격!

땅을 기어 다니는 아르트로플레우라를 본 티라노사우루스가 처음 보는 생물에 놀란 나머지 발로 밟아 뭉개려고 한다. 거대한 공룡에게 밟힌다면 아르트로플레우라는 납작해지고 말 것이다.

2 아르트로플레우라에게 찾아온 기회!

티라노사우루스가 아르트로플레우라를 밟기 위해 다리를 천천히 들어올린다. 그 틈을 타 아르트로플레우라가 티라노사우루스의 발밑으로 재빨리 다가간다. 아르트로플레우라는 두 발로 걷는 티라노사우루스의 균형을 깨뜨리려는 전략이다.

고대의 괴물 물고기
둔클레오스테우스

 스페셜 배틀-2

크기 비교

먹잇감은 통째로!

약 3억 8000만~3억 6000만 년 전에 서식했다. 몸길이는 6~7m 정도 되며, 바위를 부술 정도의 강한 턱으로 큰 먹잇감을 한 번에 먹어 치우는 잔인한 성격으로 알려져 있다. 물어뜯은 먹이의 몸을 통째로 삼켜 버리는 무시무시한 동물이라고 한다.

분 류	판피류 절경목 디니크티스과
식 성	육식
무 기	강력한 턱과 엄니
특 징	사납다.
몸무게	약 1t
몸길이	6~7m

서식지 데본기 북아메리카 및 북아프리카의 연안

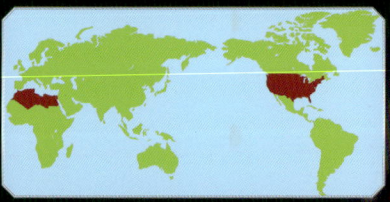

최강 배틀왕 토너먼트

바다의 최강 포식자
메갈로돈

- 파워
- 방어력
- 공격력
- 지력
- 스피드
- 난폭성

크기 비교

상어보다 큰 몸집과 날렵한 움직임

약 2300만~360만 년 전 비교적 따뜻한 바다에 서식했던 상어의 일종이다. 큰 것은 몸무게가 20t, 몸길이가 18m나 되었으며 작은 고래 같은 동물을 잡아먹었다. 몸은 크지만 빠른 속도로 움직일 수 있는 것이 특징이다.

분 류	연골어류 악상어목 악상엇과
식 성	육식
무 기	거대한 입과 날카로운 엄니
특 징	몸집에 비해 날렵하다.
몸무게	약 20t
몸길이	13~18m

서식지 약 2300만~360만 년 전의 따뜻한 바다

Fight!

 스페셜 배틀-2

둔클레오스테우스의 무기는 거대한 엄니와 머리부터 어깨까지 갑옷처럼 되어 있는 단단한 피부이다. 한편 메갈로돈은 수영 속도가 빠르고 성질도 사나워 승자를 가리기 힘든 대결이 될 것이다. 둔클레오스테우스의 엄니가 이길지, 메갈로돈의 스피드가 이길지 지켜보자.

바닷속 격렬한 몸싸움!

Go!

1 상처를 입은 메갈로돈!

배틀이 시작되자마자 두 동물 모두 서로를 향해 무섭게 돌진하더니 몸통 박치기를 한다. 속도와 힘에서 유리해 보였던 메갈로돈이 둔클레오스테우스의 단단한 피부에 상처를 입고 피를 흘리기 시작한다.

2 차분하게 공격을 시도하다!

부상을 당했지만 조금도 물러설 생각이 없는 메갈로돈이 둔클레오스테우스를 여러 차례 물어뜯어 조금씩 상처를 입힌다. 둔클레오스테우스가 메갈로돈을 향해 엄니 공격을 시도하지만 빠르게 도망치는 메갈로돈.

재미있는 동물 랭킹 — 가장 멋진 동물은?

이번에는 가장 멋진 동물을 1위부터 3위까지 소개한다. 선정 기준은 생김새뿐 아니라 사냥할 때의 모습, 평소의 모습 등 여러 모습을 종합적으로 평가하였다.

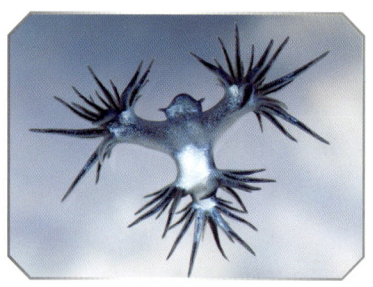

1위 파란갯민숭달팽이

눈에 띄는 강렬한 푸른색과 불꽃처럼 생긴 외모가 특징이다. 몸이 작고 독이 있는 해파리를 이동 수단으로 타고 다니는데, 독을 자신의 몸으로 흡수해 더 강해지는 능력을 지니고 있다.

2위 서벌

늘씬한 긴 다리와 매끈한 얼굴선으로 사바나 초원의 모델이라는 별명이 있다. 사냥 실력이 뛰어나며 자기 영역에 다른 동물이 들어와도 너그러운 편이다.

3위 뱀잡이수리

기다란 속눈썹과 멋스러운 머리 모양이 특징이다. 사나운 뱀에 맞설수 있는 용기와 긴 다리를 이용한 연속 발차기가 공격 무기이다.

특별상 — 로지메이플나방

로지메이플나방은 산누에나방과이며, 주로 북아메리카 지역에 서식한다. 아름다운 색깔과 복슬복슬한 귀여운 모습이 마치 동화에 나올 것 같은 나방처럼 보인다.

최강 배틀왕 결정
토너먼트 16강전

 먹바퀴 **VS** 큰꼬리전갈

 바다악어 **VS** 공작갯가재

 벌꿀오소리 **VS** 바바리사자

 황금독화살개구리 **VS** 사람벼룩

 총알개미 **VS** 야자집게

 대왕문어 **VS** 부채머리수리

 큰건조지대여치 **VS** 화식조

 브라질방황거미 **VS** 줄무늬스컹크

Fight!

**16강전-1
먹바퀴**

최강 배틀왕 결정 토너먼트 16강전의 첫 번째 배틀은 먹바퀴와 큰꼬리전갈의 대결이다. 예선전에서 인간을 쓰러뜨린 먹바퀴와 맹독으로 마운틴고릴라를 제압하고 승리를 거머쥐었던 큰꼬리전갈의 긴장감 넘치는 대결을 기대해 보자.

먹바퀴의 작전은 성공할까?

Go!

1 먹바퀴의 배틀 전략!
먹바퀴는 큰꼬리전갈의 주변을 빠르게 서성인다. 상대의 정신을 흐트러뜨리려는 전략이다.

2 목숨을 건 공격!
큰꼬리전갈은 먹바퀴의 빠른 움직임에도 당황하지 않고 침착하게 상대의 움직임을 주시한다. 먹바퀴는 작전이 실패하자 목숨을 걸고 맹렬히 돌진한다. 큰꼬리전갈의 연약한 배를 물어뜯어 승부를 보려는 것이다.

최강 배틀왕 토너먼트
큰꼬리전갈

3 날카로운 독침 공격!

이번에는 먹바퀴의 공격에 큰꼬리전갈도 반응을 보인다. 큰꼬리전갈이 독침으로 먹바퀴의 등을 찌르는 순간 맹독이 먹바퀴의 온몸에 퍼지기 시작한다. 독으로 마비되어 움직일 수 없게 된 먹바퀴가 그대로 기절해 버린다.

결정타!

최후를 맞이한 먹바퀴!

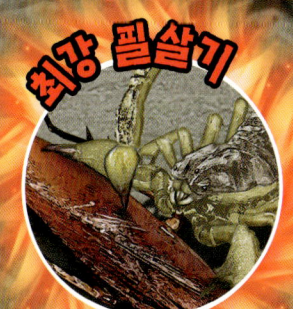

최강 필살기

독침 공격

큰꼬리전갈이 독침으로 먹바퀴의 등을 찌른 순간 맹독이 먹바퀴의 온몸에 퍼지기 시작했다.

승리 - 큰꼬리전갈

먹바퀴의 공격에도 당황하지 않은 큰꼬리전갈의 침착함과 강한 독이 승리의 요인이 되었다.

Fight!

승부를 위한 팽팽한 긴장감!

16강전-2
바다악어

두 번째 배틀은 왕사마귀를 쓰러뜨리고 올라온 바다악어와 무시무시한 흰코뿔소를 이긴 공작갯가재의 대결이다. 힘으로는 바다악어가 유리하지만 공작갯가재가 빠른 속도로 강력한 펀치를 날린다면 승리의 기회를 잡을 수 있을 것이다.

1 펀치 공격으로 기선 제압!

배틀이 시작되자마자 서로를 무섭게 노려보는 바다악어와 공작갯가재. 긴장감이 흐르는 가운데 공작갯가재가 상대에게 다가가 오른쪽 주먹을 날린다. '바다의 복서'가 날린 펀치는 매우 빠르고 정확했다.

Go!

2 엄니를 드러내며 돌진!

공작갯가재의 펀치 공격을 당한 바다악어가 턱에 부상을 입었다. 흥분한 바다악어가 턱을 크게 벌려 반짝이는 엄니를 드러내며 공작갯가재를 향해 돌진한다.

최강 배틀왕 토너먼트
공작갯가재

결정타!

3 실력을 발휘하는 바다의 복서!
바다악어가 공작갯가재에 가까이 다가가는 순간, 이번에는 공작갯가재의 왼쪽 주먹이 바다악어의 턱을 정확하게 맞혀 으스러뜨린다. 비틀대는 바다악어를 보며 미소 짓는 공작갯가재의 완벽한 승리다.

바다악어의 턱을 으스러뜨리다!

최강 필살기

강력한 펀치
공작갯가재의 정확하고 강렬한 펀치가 승부를 가르는 한 방이 되었다. 끊임없이 공격하는 공작갯가재의 끈기도 매우 놀라웠다.

승리 — 공작갯가재
공작갯가재는 자신보다 힘이 센 바다악어를 상대로 용감하게 맞서 멋지게 승리했다.

Fight!

엄니를 드러낸 바바리사자의 전략은?

16강전-3
벌꿀오소리

예선전에서 대왕여치를 쓰러뜨리고 올라온 벌꿀오소리는 야생의 사자도 피해 다닐 만큼 강력한 턱과 발톱을 가지고 있다. 하지만 사자 중에서도 유독 사나운 바바리사자가 당하고만 있지는 않을 것이다.

Go!

1 바바리사자의 엄니 공격!
먼저 공격에 나선 벌꿀오소리가 바바리사자를 향해 달려든다. 하지만 바바리사자는 당황하지 않고 앞발로 벌꿀오소리를 거칠게 밀쳐 낸 후 벌꿀오소리 등을 힘껏 물어 버린다.

2 끈기 있게 공격하다!
하지만 바바리사자의 엄니는 벌꿀오소리의 단단한 피부를 뚫지 못한다. 공격을 받고 화가 난 벌꿀오소리가 반격을 시도한다.

최강 배틀왕 토너먼트
바바리사자

결정타!

3 적의 빈틈을 노리다!
바바리사자가 자신을 향해 달려드는 벌꿀오소리의 등을 이번에는 발톱으로 할퀴어 본다. 하지만 이번에도 실패하자 잠시 주춤하고 공격을 멈춘다. 이때를 놓치지 않고 벌꿀오소리가 바바리사자의 목덜미를 공격하고 멋지게 승리한다.

동물의 왕을 제압한 치열한 대결!

최강 필살기

방어에 뛰어난 피부
벌꿀오소리의 단단한 피부가 승리의 요인이었다. 뛰어난 방어력으로 상대의 공격을 막아 냈다.

승리 — 벌꿀오소리
야생에서는 실제로 오소리가 사자를 상대로 먹잇감을 빼앗는 경우도 있다고 한다. 사자는 무리 지어 행동하는 동물이므로 혼자서는 제대로 실력을 발휘하지 못했을 것이다.

Fight!

16강전-4
황금독화살개구리

이어지는 배틀은 황금독화살개구리와 사람벼룩의 흥미진진한 대결이다. 점프력이 뛰어난 동물들의 대결이므로 공중전이 될 가능성도 있다. 스치기만 해도 죽음에 이르게 하는 황금독화살개구리의 맹독이 곤충인 사람벼룩에게도 통할지 궁금하다.

공중전으로 시작된 배틀!

Go!

1 격렬한 공중전!
배틀이 시작되자 황금독화살개구리와 사람벼룩이 점프를 해 공중에서 격렬한 싸움을 벌인다. 몇 차례 충돌 끝에 황금독화살개구리보다 사람벼룩이 앞서기 시작한다. 사람벼룩의 점프력이 황금독화살개구리보다 뛰어나기 때문이다.

2 점프력 대결이 시작되다!
공중전이 계속되면서 점프력 대결이 되고 만다. 점프력에서 앞서고 있는 사람벼룩은 조금도 지치지 않고 공중전을 이어 간다. 반면 점점 지쳐 가는 황금독화살개구리.

최강 배틀왕 토너먼트
사람벼룩

3. 사람벼룩의 흡혈 공격!

사람벼룩이 지쳐 있는 황금독화살개구리에게 달려들어 흡혈 공격을 시작한다. 예선전에서는 맹독을 이용해 아프리카코끼리를 쓰러뜨린 황금독화살개구리였지만, 곤충인 사람벼룩에게는 통하지 않는 모양이다. 황금독화살개구리는 순식간에 힘을 잃고 쓰러져 버린다.

결정타!

맹독 공격이 실패하다!

최강 필살기 — 뛰어난 점프력
사람벼룩은 뛰어난 점프 실력과 지칠 줄 모르는 체력 덕분에 승리했다.

승리 — 사람벼룩

사람벼룩은 다리와 몸통이 연결된 부분에 '레실린'이라는 고무 단백질이 있는데 이것이 놀라운 점프력의 비밀이다. 지치지 않고 계속 점프를 할 수 있는 힘이기도 하다.

Fight!

16강전-5
총알개미

총알개미가
독침을 휘두르다!

예선전에서 코모도왕도마뱀을 물리치고 올라온 총알개미와 단단한 갑옷을 입은 야자집게의 대결이다. 맹독을 지닌 총알개미와 강력한 가위손을 자랑하는 야자집게의 흥미진진한 대결이 펼쳐진다.

Go!

1 싸움을 끝내려는 총알개미!
총알개미는 강력한 독침을 이용해 배틀을 빨리 끝내려고 한다. 하지만 야자집게의 단단한 갑옷이 총알개미의 공격을 막아낸다.

2 야자집게의 반격!
갑옷으로 독침을 방어한 야자집게가 반격에 나선다. 날카로운 집게발을 휘둘러 총알개미의 다리에 상처를 입힌다. 야자집게의 공격에 총알개미는 당하고만 있을 것인가?

Fight!

16강전-6 대왕문어

물속에 사는 대왕문어와 하늘을 나는 부채머리수리가 배틀을 준비한다. 주요 활동 장소가 다른 동물들의 대결이기 때문에 배틀 장소가 이번 배틀의 승부를 가르는 중요한 요소가 될 것이다.

공격을 퍼붓는 부채머리수리!

Go!

1 부채머리수리의 공격!

부채머리수리가 바다 위를 빙빙 돌며 바닷속 대왕문어를 위협한다. 대왕문어는 얼굴을 내밀고 상대의 모습을 훔쳐본다. 그때 부채머리수리가 빠르게 대왕문어가 있는 바다로 돌진한다. 자신의 무기인 발톱으로 대왕문어를 끌어 올릴 계획이다.

2 적의 빈틈을 노리는 대왕문어!

하지만 부채머리수리는 대왕문어의 몸에 상처를 입힐 뿐 낚아채는 데는 실패한다. 그러자 이번에는 뾰족한 부리로 대왕문어를 공격한다. 대왕문어는 이곳저곳에 큰 상처를 입었지만 포기하지 않고 부채머리수리를 바닷속으로 끌고 갈 기회를 노린다.

Fight!

점프력 VS 발차기!

16강전-7
큰건조지대여치

이어지는 배틀은 예선전에서 피토휘의 맹독을 이겨 낸 큰건조지대여치와 강렬한 발차기로 회색캥거루를 무너뜨리고 올라온 화식조의 대결이다. 큰건조지대여치는 뛰어난 점프력을, 화식조는 강력한 발차기를 자랑한다.

Go!

1 화식조의 발차기 공격!
먼저 공격을 시도한 쪽은 화식조다. 화식조가 자신의 특기인 강력한 발차기로 큰건조지대여치를 공격한다. 필살기 공격으로 빠른 승부를 내려는 전략이다.

2 냉정함을 잃다!
큰건조지대여치는 점프 실력을 뽐내며 화식조의 발차기 공격을 피한다. 자신의 공격이 계속 실패하자 냉정함을 잃은 화식조가 점프를 마치고 땅에 내려온 큰건조지대여치를 향해 돌진한다.

최강 배틀왕 토너먼트
화식조

3 강력한 턱으로 반격하다!

큰건조지대여치는 높이 점프해 또 한 번 화식조의 공격을 피하는 데 성공한다. 그리고 화식조가 방심한 틈을 타 자신의 무기인 강한 턱으로 화식조를 힘껏 물어 버린다.

뛰어난 점프력으로 상대를 제압하다!

결정타!

최강 필살기

공격과 방어

큰건조지대여치는 뛰어난 점프력으로 적을 방어하고, 강력한 턱으로 공격에 성공했다.

승리 — 큰건조지대여치

사마귀 중에서 벌새를 잡아먹는 사마귀가 있듯이 곤충 중에도 크기와 능력에 따라 조류를 공격할 수 있는 곤충이 있을 수 있다.

Fight!

16강전-8
브라질방황거미

16강전의 마지막 배틀은 브라질방황거미와 줄무늬스컹크의 대결이다. 브라질방황거미의 독은 물리지만 않는다면 큰 피해를 주지 않기 때문에 가까이 다가가 공격할 수 있다. 하지만 줄무늬스컹크는 냄새나는 물질을 내뿜기 때문에 떨어져 있어도 위험할 수 있다. 브라질방황거미가 어떻게 거리를 좁혀 싸울지 기대된다.

줄무늬스컹크의 악취 공격!

Go!

1 공포의 악취 공격!
줄무늬스컹크와 브라질방황거미의 크기가 같아졌지만 거미 특유의 낮은 자세는 변함이 없다. 거대한 브라질방황거미의 모습에 공포를 느낀 줄무늬스컹크가 적을 향해 냄새나는 물질을 내뿜는다.

2 예상치 못한 반전!
줄무늬스컹크의 냄새는 늑대조차 두려움에 떨게 할 정도로 강력하다. 하지만 후각이 약한 브라질방황거미에게는 피해를 주지 못했다. 아무 일도 없었다는 듯이 줄무늬스컹크와의 거리를 좁혀 가는 브라질방황거미.

최강 배틀왕 토너먼트
줄무늬스컹크

3 재빠른 공격으로 승부를 가르다!

자신의 무기가 통하지 않자 당황한 줄무늬스컹크가 달아나려고 한다. 그때 브라질방황거미가 재빠르게 줄무늬스컹크를 덮친 뒤 독이 있는 엄니로 몸통을 뚫는다.

결정타!

엄니 공격으로 승부를 가르다!

최강 필살기

강력한 방어력

줄무늬스컹크의 악취 공격에도 끄떡없는 브라질방황거미의 특성과 빠른 다리가 큰 도움이 되었다.

승리
브라질방황거미

스컹크의 지독한 냄새는 매우 강렬해서 4주 정도나 남아 있다고 한다. 하지만 악취를 풍기는 물질이 다시 만들어지는 데 시간이 걸리기 때문에 연속으로 공격하지 못한다는 단점이 있다.

16강전 평가

예선전에서 상대를 이기고 올라온 동물들이
훨씬 더 격렬한 대결을 펼치는 16강전이었다.
뜨거웠던 16강전을 다시 살펴보자.

예상을 뒤엎은 배틀 결과!

먹바퀴와 큰꼬리전갈의 배틀에서는 먹바퀴가 패하고 말았다. 생명력과 번식력이 강하지만 싸움에는 약한 먹바퀴의 특징을 고려하면 먹바퀴도 지금까지 잘 싸워 주었다. 바다악어와 공작갯가재, 벌꿀오소리와 바바리사자의 배틀도 매우 흥미로웠다. 두 배틀 모두 유력한 우승 후보로 손꼽히는 동물들의 대결이었던 만큼 긴장감 넘치는 무대였다.

▲바바리사자는 자신과 몸집이 같아진 벌꿀오소리가 맹렬히 공격해 오자 맞서 싸우지 못했다.

▲곤충을 잡아먹는 화식조가 곤충에게 당하는 반전이 일어났다.

예상치 못한 결과들도 있었다. 공격적이고 난폭한 성격과 뛰어난 발차기 실력으로 승리를 예상했던 화식조가 큰건조지대여치에게 패하고 만 것이다. 16강전에서 가장 큰 반전을 보여 준 배틀이었다.

뜨거웠던 16강전을 마치고 8강전으로 떠나 보자!

최강 배틀왕 결정
토너먼트 8강전

 큰꼬리전갈 **VS** 공작갯가재

 벌꿀오소리 **VS** 사람벼룩

 총알개미 **VS** 대왕문어

 큰건조지대여치 **VS** 브라질방황거미

Fight!

맹독 공격
VS 펀치 공격

8강전-1
큰꼬리전갈

최강 배틀왕 결정 토너먼트 16강전에서 승리한 동물들이 8강전에 진출한다. 첫 번째 배틀은 큰꼬리전갈과 공작갯가재의 대결이다. 큰꼬리전갈의 맹독과 공작갯가재의 강력한 펀치 중 먼저 상대를 쓰러뜨리는 쪽이 승리할 것이다.

Go!

1 공작갯가재의 선제공격!

배틀은 바다가 아닌 땅 위에서 시작되었다. 땅에서 싸우는 대결에 불리한 공작갯가재는 배틀을 빨리 끝내기 위해 적에게 강력한 펀치를 날린다. 하지만 공작갯가재의 펀치를 재빠르게 피하는 큰꼬리전갈!

2 큰꼬리전갈의 둔해진 움직임!

공작갯가재가 이번에는 큰꼬리전갈의 몸을 잡더니 다시 한번 세찬 펀치를 날린다. 공작갯가재의 펀치가 큰꼬리전갈의 다리를 강타한다. 다리에 부상을 당한 큰꼬리전갈이 비틀거린다.

최강 배틀왕 토너먼트
공작갯가재

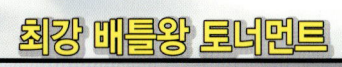

3 강력한 집게발 공격!

비틀거리던 큰꼬리전갈이 공작갯가재를 향해 뾰족한 집게발을 휘두른다. 큰꼬리전갈의 집게발에 맞은 공작갯가재가 오른쪽 눈에 큰 상처를 입는다. 공작갯가재가 한쪽 눈을 감고 고통스러워하는 틈을 타 큰꼬리전갈이 독침을 쏘면서 배틀에서 승리한다.

결정타!

독침 공격을 퍼붓다!

최강 필살기

다양한 공격 무기

큰꼬리전갈은 독침과 함께 뾰족한 집게발 공격도 가능한 동물이다. 다양한 공격 무기를 잘 활용하여 배틀에서 승리했다.

승리 — 큰꼬리전갈

만약 바다에서 대결했다면 '바다의 복서'로 불리는 공작갯가재에게 유리한 대결이었을 것이다. 자신의 무기를 이용해 멋지게 승리한 큰꼬리전갈에게 박수를 보낸다.

Fight!

8강전-2
벌꿀오소리

8강전 두 번째 배틀은 만만치 않은 동물들의 대결이다. 공격적이고 난폭한 벌꿀오소리와 상대의 피를 빨아 먹는 사람벼룩이 만난다. 흡혈 공격을 자랑하는 사람벼룩이 바바리사자의 엄니도 뚫지 못한 벌꿀오소리의 강한 피부를 공격하는 데 성공할 수 있을까?

사람벼룩의 강력한 점프!

1 사람벼룩의 방어 전략!
먼저 공격을 시도한 쪽은 벌꿀오소리다. 발톱으로 사람벼룩을 잡아 물어뜯을 전략이다. 하지만 사람벼룩이 높이 점프하며 계속 도망을 가는 바람에 벌꿀오소리는 사람벼룩을 잡지 못한다.

Go!

2 다리를 물어 공격하다!
벌꿀오소리가 끈질기게 공격을 시도한 끝에 땅에 내려서는 사람벼룩의 다리를 무는 데 성공한다. 그런데 다리를 물리고도 꿈쩍하지 않는 사람벼룩을 본 벌꿀오소리가 매우 당황한다.

최강 배틀왕 토너먼트
사람벼룩

3 약점을 공격하다!

화가 난 벌꿀오소리는 사람벼룩을 향해 마구 달려든다. 요리조리 잘 피하는 사람벼룩 때문에 점점 지쳐가는 벌꿀오소리……. 그때 사람벼룩이 벌꿀오소리의 배를 향해 발차기를 날린 후 흡혈 공격으로 상대를 쓰러뜨린다.

결정타!

승부를 가른 발차기 공격!

최강 필살기

강인한 체력과 점프력

사람벼룩은 뛰어난 점프력과 강인한 체력을 자랑하며 벌꿀오소리의 공격을 방어했다.

승리 — 사람벼룩

벌꿀오소리는 등에 비해 배의 피부가 부드럽고 얇기 때문에 배를 공격당했다면 큰 충격을 받았을 것이다. 사람벼룩의 전략이 멋지게 성공했다.

Fight!

8강전-3
총알개미

이어지는 배틀은 세계에서 가장 큰 개미와 가장 큰 문어의 대결이다. 상대를 바닷속으로 끌고 들어가 승리했던 대왕문어와 달리 총알개미는 땅에서의 싸움에 유리하다. 상대를 한 방에 쓰러뜨릴 수 있는 총알개미의 강력한 독침이 대왕문어에게도 효과가 있을지 궁금하다.

부상을 입은 대왕문어! 총알개미의 승리인가?

Go!

1 총알개미의 기선 제압!
이번 배틀은 땅 위에서 시작되었다. 자신에게 유리한 장소에서 배틀이 시작되자 신이 난 총알개미가 적극적으로 공격을 시도한다. 순식간에 대왕문어의 몸에 기어올라 물어뜯는 총알개미!

2 눈을 공격당한 총알개미!
공격을 당한 대왕문어가 자신의 필살기인 먹물 공격을 시도한다. 눈에 먹물이 튀어 앞을 볼 수 없게 된 총알개미가 비틀거린다. 대왕문어는 바위에 몸을 붙여 위장한 상태로 그 모습을 지켜본다.

최강 배틀왕 토너먼트
대왕문어

3 대왕문어의 반격!

조금 후 총알개미는 앞을 다시 볼 수 있게 되었지만 바위 색으로 위장한 대왕문어를 발견하지 못한다. 대왕문어가 그 기회를 놓치지 않고 여러 개의 다리로 총알개미를 휘감아 바닷속으로 끌고 들어간다. 발버둥 치는 총알개미의 몸을 세게 조이며 대왕문어가 승리를 거머쥔다.

결정타!

상대를 유인하여 멋지게 승리하다!

최강 필살기 — 먹물 공격

대왕문어는 자신을 공격한 총알개미를 향해 먹물 공격을 퍼부어 총알개미가 앞을 볼 수 없게 만들었다.

승리 — 대왕문어

배틀 초반에는 총알개미에게 유리한 분위기였지만 침착하게 공격과 방어를 펼친 대왕문어가 결국에는 승리했다.

Fight!

8강전-4

큰건조지대여치

8강전의 마지막 배틀은 큰건조지대여치와 브라질방황거미의 대결이다. 강력한 턱을 자랑하는 큰건조지대여치와 독을 지닌 브라질방황거미의 대결은 매우 흥미진진한 배틀이 될 것으로 예상한다. 배틀의 시작을 알리는 소리가 울리자 동물들이 등장한다.

적의 다리를 물어뜯은 큰건조지대여치!

Go!

1 적의 다리를 물어뜯다!
큰건조지대여치가 높이 점프하여 브라질방황거미에게 빠르게 접근하더니 순식간에 다리를 물어뜯는다. 브라질방황거미는 다리에 큰 부상을 입었지만 절대로 쓰러지지 않겠다는 각오로 버티기 시작한다.

2 브라질방황거미의 위기!
다리를 다친 브라질방황거미는 맹독을 사용해 배틀을 빨리 끝내야겠다고 생각한다. 하지만 다리를 다쳐서 빠르게 움직이지 못하기 때문에 상대가 다가오기만을 기다릴 수밖에 없다.

8강전 평가

치열한 경쟁을 뚫고 올라온 동물들이 멋진 대결을 보여 준 8강전도 끝이 났다. 유일한 포유류 벌꿀오소리가 사람벼룩에게 패하는 일이 벌어졌고, 유력한 우승 후보인 대왕문어가 멋지게 승리하기도 했다.

강적들의 대결이 이어졌던 배틀 무대

배틀에서는 종종 배틀 장소도 동물들에게 무기로 작용한다. 자신에게 유리한 장소에서 대결한다면, 승리를 이끌 수 있기 때문이다. 지금까지 자신에게 불리한 땅에서도 승리했던 공작갯가재가 이번에는 큰꼬리전갈에게 패하고 말았지만 만약 바다에서 대결을 했다면, 대왕문어를 상대로 만나더라도 다음 배틀에 진출할 수 있었을 것이다.

▲큰꼬리전갈이 뾰족한 집게발로 공작갯가재를 제압했다.

한편 강자들의 흥미로운 대결도 눈길을 끌었다. 사람벼룩은 황금독화살개구리, 벌꿀오소리 등 다양한 유형의 상대를 만나 멋진 승부를 보여 주었다. 큰건조지대여치와 브라질방황거미의 대결에서는 선제공격으로 압승을 거둔 큰건조지대여치의 활약이 눈에 띄었다.

▲큰건조지대여치는 선제공격으로 상대를 제압하고 멋지게 승리했다.

동물들이 치열하게 대결하던 8강전 무대의 막이 내렸다.

Fight!

준결승전-1
큰꼬리전갈

준결승전 첫 번째 배틀은 큰꼬리전갈과 사람벼룩의 대결이다. 큰꼬리전갈의 최강 무기는 독침이고, 사람벼룩은 뛰어난 점프력이 최고의 무기다. 사람벼룩은 자신의 장점인 점프력을 최대한 발휘해 큰꼬리전갈에 맞서야 할 것이다.

Go!

1 상대를 위협하는 큰꼬리전갈!
큰꼬리전갈이 뾰족한 집게발을 마구 휘두르며 사람벼룩을 위협한다. 하지만 사람벼룩은 큰꼬리전갈의 위협에도 전혀 기죽지 않고 당당한 모습으로 전투 준비를 한다.

2 사람벼룩의 놀라운 점프력!
큰꼬리전갈이 천천히 사람벼룩에게 다가간다. 거리를 좁힌 뒤 집게발을 이용해 상대를 공격할 계획이다. 그런데 바로 그때 높이 튀어 오른 사람벼룩이 큰꼬리전갈의 등에 올라타 흡혈 공격을 시도한다.

용감한 사람벼룩, 적을 향해 돌진하다!

최강 배틀왕 토너먼트
사람벼룩

3 독침 공격으로 승리!

큰꼬리전갈의 등에 올라탄 사람벼룩을 기다리고 있던 것은 큰꼬리전갈의 독침이었다. 기세 좋게 올라탄 사람벼룩의 옆구리에 큰꼬리전갈의 독침이 깊게 박히면서 배틀은 끝이 났다.

최강 필살기

독침 공격

큰꼬리전갈은 자신의 등에 올라탄 사람벼룩에게 독침 공격을 퍼부었다.

결정타!

독침 맛을 보여 주다!

승리 — 큰꼬리전갈

큰꼬리전갈은 전갈 중에서도 공격 속도가 빠른 편이라고 한다. 이번 배틀은 큰꼬리전갈의 순발력이 돋보이는 대결이었다.

Fight!

준결승전-2
대왕문어

큰건조지대여치는 왜 대왕문어를 먹는 것일까?

지금까지의 배틀에서 대왕문어는 상대를 자신이 유리한 바닷속으로 끌고 들어가 승리를 거두었다. 그러나 이번 배틀에서 만난 큰건조지대여치는 힘이 세고 성질이 사납기 때문에 대왕문어에게 쉽지 않은 대결이 될 것이다.

Go!

1 바다로 유인하는 대왕문어!
대왕문어는 얕은 물가에서 땅 위의 큰건조지대여치를 살핀다. 자신에게 유리한 바다에서 싸우기 위해 기회를 엿보고 있는 것이다. 대왕문어는 큰건조지대여치를 유인하는 데 성공할 수 있을까?

2 큰건조지대여치의 반전!
큰건조지대여치가 갑자기 높이 점프하더니 대왕문어를 덮친다. 그리고 대왕문어의 다리를 거칠게 물어뜯으며 공격한다고 생각한 순간, 배틀 중이라는 사실을 잊은 큰건조지대여치가 대왕문어의 다리를 맛있게 먹는 반전을 보인다.

최강 배틀왕 토너먼트
큰건조지대여치

자신의 다리를 희생해 상대를 유인하다!

3 유인 작전 성공!

대왕문어는 자신의 다리를 먹기 시작한 큰건조지대여치를 보고 깜짝 놀랐지만, 자신의 다리를 이용해 상대를 바다로 유인한다. 대왕문어의 다리를 쫓아 바닷속으로 들어간 큰건조지대여치는 숨을 쉴 수 없게 되자 기절하고 만다.

결정타!

최강 필살기 — 대왕문어의 끈기

대왕문어는 큰건조지대여치가 물어뜯는 고통을 견뎌 내고 마침내 바다로 유인하는 데 성공했다.

승리 — 대왕문어

배틀도 잊게 할 만큼 맛있는 문어 다리는 부드럽고 쫄깃한 식감과 맛 때문에 사람들에게 인기가 있다.

준결승전 평가

마침내 결승전에 진출할 동물들이 결정되었다. 결승전을 시작하기 전 치열했던 준결승전을 돌아보며 불꽃 튀었던 배틀 장면을 다시 살펴보자.

승리를 위한 격렬한 배틀!

동물들의 승부는 예상하기 어렵다. 대결 상대는 누구인지, 공격과 방어 무기는 무엇인지, 배틀 무대는 어디인지 등의 다양한 요소가 승패를 가르는 중요한 역할을 하기 때문이다. 하지만 여기까지 올라온 동물들의 실력은 매우 훌륭했다. 큰꼬리전갈은 지금까지 여러 상대를 쓰러뜨린 사람벼룩의 점프 공격에도 당황하지 않고 순발력을 발휘하여 독침 공격으로 반격해 승리했다.

▲큰꼬리전갈이 뛰어난 점프력을 자랑하며 공격해 오는 사람벼룩을 독침 한 방으로 물리쳤다.

주로 땅 위에서 시작된 배틀에서 좋은 성적을 거두었던 대왕문어의 전략이 이번에도 성공했다. 대왕문어는 큰건조지대여치와의 대결에서도 상대를 바닷속으로 유인하여 승리했다. 강력한 우승 후보였던 큰건조지대여치는 안타깝게 패배하고 말았다.

▲큰건조지대여치는 대왕문어의 다리를 뜯어 먹다가 바닷속으로 끌려 들어갔다.

마지막까지 승리의 여신이 미소를 보내 줄 상대는 누구일까?

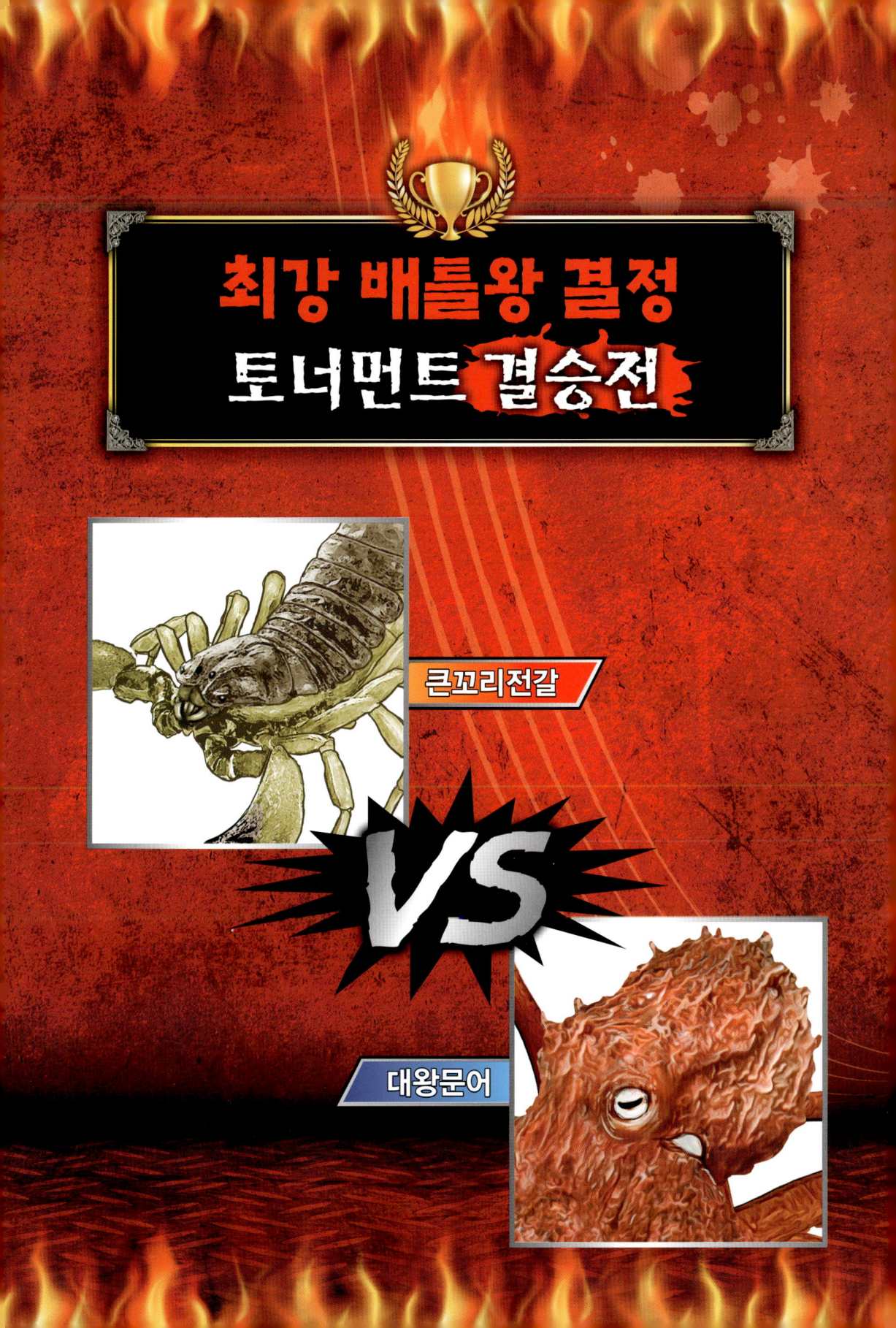

Fight!

막상막하의 격렬한
배틀이 펼쳐진다!

결승전
큰꼬리전갈

마침내 최강 배틀왕을 결정짓는 결승전 무대의 막이 올랐다. 대왕문어는 이번에도 상대를 바다로 유인하는 전략을 펼칠 것으로 예상된다. 하지만 독 공격을 퍼붓는 큰꼬리전갈도 만만한 상대가 아니기 때문에 매우 격렬한 대결이 될 것이다.

Go!

1 공격을 시도하는 대왕문어!
대왕문어가 천천히 다리를 뻗어 큰꼬리전갈의 왼쪽 집게발을 잡으려고 한다. 큰꼬리전갈을 바닷속으로 끌고 들어가 배틀을 빨리 끝내려는 전략이다.

2 예상치 못한 반격!
대왕문어가 기다란 다리로 큰꼬리전갈을 감아 조이기 시작하는 순간 큰꼬리전갈이 유연하게 몸을 구부리더니 뾰족한 독침으로 대왕문어를 찌른다.

최강 배틀왕 토너먼트
대왕문어

결정타!

3 맹독 공격의 승리!

공격을 당한 대왕문어는 의식을 잃어 가면서도 큰꼬리전갈을 놓지 않고 바다로 끌고 들어가려고 한다. 하지만 독이 온몸에 퍼지자 힘이 빠지면서 큰꼬리전갈을 잡았던 다리도 스르륵 풀려 버린다. 대왕문어는 마지막 저항으로 먹물을 토하면서 바닷속으로 가라앉는다.

최강 배틀왕 탄생!

최강 필살기

독침 공격

단 한 번의 공격으로 상대를 쓰러뜨린 큰꼬리전갈의 무기가 빛을 발하는 대결이었다.

승리
큰꼬리전갈

대왕문어가 가까이 다가올 때까지 기다렸다가 반격을 퍼부은 큰꼬리전갈의 전략이 성공했다. 만약 대왕문어가 파란고리문어처럼 강력한 독을 지녔다면 배틀 결과는 달라졌을 것이다.

131

Fight!

나의 도전장을 받아라!

돌발 배틀
티라노사우루스

결승전까지 마쳤지만, 예상하지 못했던 돌발 상황이 발생했다. 스페셜 배틀에서 아르트로플레우라를 쓰러뜨렸던 티라노사우루스가 최종 승자가 된 큰꼬리전갈에게 도전한 것이다. 지금까지 여러 동물을 물리친 큰꼬리전갈의 독침 공격이 강력한 티라노사우루스에게도 통할지 지켜보자.

Go!

1 강력한 공룡이 돌진하다!
티라노사우루스가 쿵쿵 소리를 내며 큰꼬리전갈을 향해 돌진한다. 힘센 턱으로 상대를 물어뜯어 단숨에 승부를 내려는 전략이다. 반면 큰꼬리전갈은 독침 공격을 준비하며 상대가 가까이 다가올 때까지 기다린다.

2 재빠른 독침 공격!
티라노사우루스가 짧은 다리로 큰꼬리전갈의 다리 하나를 잡더니 큰꼬리전갈의 머리를 콱 물어 버린다. 그런데 이때 큰꼬리전갈의 꼬리 독침이 티라노사우루스의 몸통에 꽂힌다.

최강 배틀왕 토너먼트
큰꼬리전갈

최강 배틀왕 자리를 지켜 내다!

3 진정한 최강 배틀왕!

티라노사우루스는 맹독이 온몸에 퍼지자 비틀대며 땅 위로 쓰러지고 만다. 공격에 성공한 큰꼬리전갈이 승리의 기쁨을 표현하듯 무시무시한 독침을 높이 들어 올린다.

결정타!

최강 필살기

재빠른 맹독 공격

이번에도 큰꼬리전갈의 독침 공격이 성공했다. 적의 공격에 맞서 재빠르게 반격한 순발력도 훌륭했다.

승리 — 큰꼬리전갈

육식 공룡도 쓰러뜨릴 수 있는 맹독을 가진 큰꼬리전갈의 능력을 잘 보여 준 멋진 배틀이었다.

133

결승전, 돌발 배틀 평가

큰꼬리전갈이 최종 우승을 하며 최강 배틀왕 결정 토너먼트가 끝이 났다. 치열했던 결승전과 큰꼬리전갈에게 도전장을 내밀었던 티라노사우루스의 돌발 배틀을 다시 살펴보자.

최강 배틀왕 탄생!

큰꼬리전갈은 인간의 생명을 위협할 수 있을 정도로 강한 독침을 가졌다. 게다가 민첩하고 성질도 사나우며, 다리를 한두 개쯤 잃어도 목숨을 잃지 않는 강한 체력까지 갖추었다. 이에 맞서 싸웠던 대왕문어는 지능이 뛰어나고 여러 개의 다리를 이용한 공격과 먹물 공격 등을 자랑한다. 두 동물의 배틀은 어느 쪽이 승리해도 이상하지 않을 만큼 막상막하의 대결이었다.

▲뛰어난 두뇌로 여러 동물을 쓰러뜨렸던 대왕문어가 안타깝게 패하고 말았다.

▲강인한 체력을 자랑하는 티라노사우루스가 독침 공격을 당하고 쓰러졌다.

큰꼬리전갈은 자신에게 도전한 티라노사우루스마저 쓰러뜨리고 진정한 최강 배틀왕으로 인정받았다. 큰꼬리전갈과 티라노사우루스의 돌발 배틀은 사나운 공룡도 쓰러뜨릴 수 있는 맹독을 지닌 큰꼬리전갈의 능력을 잘 보여 준 멋진 배틀이었다.

이것으로 최강 배틀왕 결정 토너먼트를 마친다!

최강 배틀왕 동물 퀴즈 정답과 해설

*병원균에 대항할 수 있는 항생 물질

바퀴벌레는 비위생적인 환경에서도 끈질긴 생명력을 자랑하며 오랜 기간 살아간다. 한 연구 결과에서 바퀴벌레는 인간이 지금까지 만들어 내지 못한 '병원균을 치료할 수 있는 항생 물질'을 지니고 있다는 것이 밝혀졌다.   *병원균: 병의 원인이 되는 균.

보(다섯 손가락을 다 편 손)

영화에 등장하는 고릴라가 가슴을 두드릴 때는 매우 큰 소리가 난다. 하지만 실제로 고릴라가 가슴 두드리기를 할 때 소리를 들어 보면, 영화와는 달리 작은 소리가 난다고 한다.

화장실

주로 나무 위에서 생활하는 나무늘보가 위험을 무릅쓰고 땅으로 내려와 변을 봄으로써 토양이 영양가 있는 땅이 된다고 한다. 나무늘보의 털에만 있는 모기가 변에 알을 낳아 생명을 이어가기도 한다.

친구

소는 친구가 있으면 스트레스가 풀린다고 한다. 무리를 지어 살아가는 플라밍고는 마음이 맞는 친구와 생활하고 어려운 상대는 피한다고 한다.

새끼 원숭이의 울음소리를 낸다.

새끼 원숭이의 울음소리를 내는 이유는 먹잇감인 원숭이를 유인하기 위해서다. 새끼 원숭이의 소리를 흉내 내 어미를 유인하는 것이다.

배틀왕 동물 찾아보기

공작갯가재 25~27, 98~99, 114~115쪽
- 몸 무 게 약 30g
- 몸 길 이 약 15cm
- 무   기 강력한 펀치
- 특   징 시력이 좋다.

그린아나콘다 33~35쪽
- 몸 무 게 약 200kg
- 몸 길 이 약 10m
- 무   기 몸으로 휘감아 세게 조이는 힘
- 특   징 난폭하다.

대왕문어 56, 58~59, 106~107, 118~119, 126~127, 130~131쪽
- 몸 무 게 10~50kg
- 몸 길 이 3~5m
- 무   기 8개의 다리와 빨판
- 특   징 무엇이든 먹어 치우며 사납다.

대왕여치 29~31쪽
- 몸 무 게 약 20g
- 몸 길 이 약 8cm
- 무   기 강한 턱
- 특   징 난폭하다.

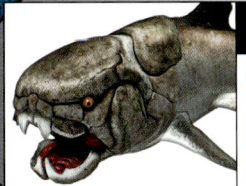
둔클레오스테우스 90, 92~93쪽
- 몸 무 게 약 1t
- 몸 길 이 6~7m
- 무   기 강력한 턱과 엄니
- 특   징 사납다.

라티페니스대왕길앞잡이 60, 62~63쪽
- 몸 무 게 알려지지 않음.
- 몸 길 이 약 6cm
- 무   기 강한 턱과 스피드
- 특   징 난폭하다.

레오파드바다표범
72, 74~75쪽
- 몸 무 게 400~590kg
- 몸 길 이 3~3.4m
- 무 기 크게 벌어지는 턱, 날카로운 엄니
- 특 징 공격적이다.

마운틴고릴라
16, 18~19쪽
- 몸 무 게 135~220kg
- 몸 길 이 1.2~1.8m
- 무 기 높은 지능과 괴력
- 특 징 힘은 강하지만 온순하다.

먹바퀴
13~15, 96~97쪽
- 몸 무 게 2~3g
- 몸 길 이 약 3cm
- 무 기 재빠른 움직임
- 특 징 끈질기고 고집이 세다.

메갈로돈
91~93쪽
- 몸 무 게 약 20t
- 몸 길 이 13~18m
- 무 기 거대한 입과 날카로운 엄니
- 특 징 몸집에 비해 날렵하다.

물소
52, 54~55쪽
- 몸 무 게 약 1t
- 몸 길 이 약 2.5m
- 무 기 거대한 뿔
- 특 징 성격이 거칠다.

바다악어
20, 22~23, 98~99쪽
- 몸 무 게 450~1000kg
- 몸 길 이 약 5m
- 무 기 강력한 턱
- 특 징 난폭하다.

바바리사자 32, 34~35, 100~101쪽
- 몸 무 게 약 350kg
- 몸 길 이 약 4m
- 무 기 발톱과 엄니
- 특 징 사납고 난폭하다.

벌꿀오소리 28, 30~31, 100~101, 116~117쪽
- 몸 무 게 약 10kg
- 몸 길 이 약 70cm
- 무 기 앞다리의 발톱과 강한 턱
- 특 징 공격적이다.

부채머리수리 61~63, 106~107쪽
- 몸 무 게 약 7.5kg
- 몸 길 이 약 100cm
- 무 기 악력과 뛰어난 시력
- 특 징 지능이 높고 사납다.

북극곰 57~59쪽
- 몸 무 게 200~800kg
- 몸 길 이 2~3m
- 무 기 강력한 펀치
- 특 징 끈질기다.

브라질방황거미 73~75, 110~111, 120~121쪽
- 몸 무 게 5~6g
- 몸 길 이 5~8cm
- 무 기 엄니에서 나오는 맹독
- 특 징 먹잇감을 매우 거칠게 덮친다.

사람벼룩 41~43, 102~103, 116~117, 124~125쪽
- 몸 무 게 약 0.001g
- 몸 길 이 약 2mm
- 무 기 흡혈 공격
- 특 징 점프력이 뛰어나다.

아르트로플레우라 87~89쪽
- 몸 무 게 알려지지 않음.
- 몸 길 이 약 3m
- 무 기 강력한 턱
- 특 징 몸이 단단하다.

아프리카코끼리 37~39쪽
- 몸 무 게 3~6t
- 몸 길 이 약 7m
- 무 기 거대한 몸과 뾰족한 엄니
- 특 징 온순하지만 화가 나면 사나워진다.

악어거북 77~79쪽
- 몸 무 게 60~183kg
- 몸 길 이 50~80cm
- 무 기 날카로운 엄니
- 특 징 신경질적이다.

야자집게 53~55, 104~105쪽
- 몸 무 게 약 4kg
- 몸 길 이 약 40cm
- 무 기 거대한 집게발
- 특 징 무엇이든 먹어 치운다.

왕사마귀 21~23쪽
- 몸 무 게 약 5g
- 몸 길 이 약 10cm
- 무 기 낫 모양의 앞다리
- 특 징 난폭하다.

인간 12, 14~15쪽
- 몸 무 게 약 60kg
- 몸 길 이 약 165cm
- 무 기 높은 지능
- 특 징 지혜를 이용해 전략을 세울 수 있다.

줄무늬스컹크   76, 78~79, 110~111쪽
- 몸 무 게 700g~2.5kg
- 몸 길 이 33~45cm
- 무   기 고약한 냄새
- 특   징 겁이 많다.

총알개미   48, 50~51, 104~105, 118~119쪽
- 몸 무 게 약 0.3mg
- 몸 길 이 2.5~4cm
- 무   기 큰턱과 독침
- 특   징 매우 사납다.

코모도왕도마뱀   49~51쪽
- 몸 무 게 50~70kg
- 몸 길 이 약 3m
- 무   기 이빨 사이에서 나오는 독
- 특   징 사냥 외에는 많이 움직이지 않는다.

큰건조지대여치   65~67, 108~109, 126~127쪽
- 몸 무 게 알려지지 않음.
- 몸 길 이 10cm 이상
- 무   기 강력한 턱과 앞다리의 가시
- 특   징 사납다.

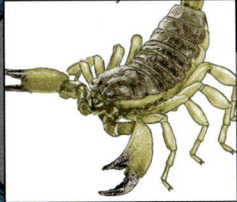
큰꼬리전갈   17~19, 96~97, 114~115, 124~125, 130~133쪽
- 몸 무 게 약 10g
- 몸 길 이 약 10cm
- 무   기 맹독, 스피드
- 특   징 공격적이다.

티라노사우루스   86, 88~89쪽
- 몸 무 게 약 7t
- 몸 길 이 약 13m
- 무   기 단단한 뼈도 잘게 부수는 튼튼한 턱
- 특   징 매우 거대하다.

피토휘
64, 66~67쪽
- 몸 무 게 약 65g
- 몸 길 이 약 25cm
- 무   기 깃털과 피부에 있는 독
- 특   징 털의 색이 화려하다.

하마
40, 42~43쪽
- 몸 무 게 약 2t
- 몸 길 이 약 4m
- 무   기 커다란 입과 엄니
- 특   징 영역을 침범하면 난폭해진다.

화식조
69~71, 108~109쪽
- 몸 무 게 30~80kg
- 몸 길 이 130~170cm
- 무   기 강렬한 발차기
- 특   징 조심성이 많다.

황금독화살개구리
36, 38~39, 102~103쪽
- 몸 무 게 약 20g
- 몸 길 이 약 5cm
- 무   기 강력한 독
- 특   징 몸의 색이 화려하다.

회색캥거루
68, 70~71쪽
- 몸 무 게 약 60kg
- 몸 길 이 약 150cm
- 무   기 발차기 공격, 점프력
- 특   징 조심성이 많다.

흰코뿔소
24, 26~27쪽
- 몸 무 게 약 2t
- 몸 길 이 약 4m
- 무   기 거대한 몸집과 뿔
- 특   징 온순하다.

篠原かをりの「史上最強はコイツだ！
昆虫・爬虫類・哺乳類　異種格闘技バトル図鑑」

SHINOHARAKAORINO「SHIJO SAIKYOU HA KOITSUDA!
KONCHU・HACHURUI・HONYURUI ISHU KAKUTOUGI BATTLE ZUKAN」
by Shinohara Kaori
Copyright ⓒ 2020 by Takarajimasha, Inc., Tokyo
Original Japanese edition published by Takarajimasha, Inc., Tokyo
Korean translation rights arranged with Takarajimasha, Inc., Tokyo
through Shinwon Agency Co., Seoul
Korean translation rights ⓒ 2020 by Seoul Cultural Publishers, Inc.

이 책의 한국어 저작권은 신원에이전시를 통해 저작권사와의
독점 계약한 (주)서울문화사에 있습니다.
저작권법에 의하여 한국 내에서 보호를 받는 저작물이므로
무단전재와 무단복제를 금합니다.

1판 1쇄 인쇄 | 2020년 11월 19일 · **1판 1쇄 발행** | 2020년 11월 27일
감수 | 시노하라 카오리 · **번역** | 이진원
발행인 | 신상철 · **편집인** | 최원영 · **편집장** | 최영미
편집자 | 한나래, 손유라
표지 디자인 | 이혜원 · **본문 디자인** | 이혜원, 김나경
제작 | 이수행, 주진만 · **발행처** | 서울문화사
등록일 | 1988년 2월 16일 · **등록번호** | 제2-484
주소 | 04376 서울특별시 용산구 새창로 221-19
전화 | 02)791-0754(판매) 02)799-9148(편집)
팩스 | 02)790-5922(판매) · **출력** | 덕일인쇄사 · **인쇄** | 에스엠그린

ISBN 979-11-6438-329-0
978-89-263-8008-6 (세트)

● 이 책은 저작권법에 따라 보호를 받는 저작물이므로 저작권자와 출판사의
허락 없이 이 책의 내용을 복제하거나 다른 용도로 쓸 수 없습니다.
● 책값은 뒤표지에 있습니다. 잘못된 책은 바꾸어 드립니다.

전 세계 No.1 게임으로 재미와 공부를 한 번에!
초등학생을 위한 마인크래프트 시리즈!

마인크래 장인조합 지음 | 값 15,000원

- 초등 과학 교과와 연계된 광물과 보석, 암석 소개!
- 통합과학, 지구과학 핵심 개념!
- 게임 장면과 플레이 방법까지!

마인크래 장인조합 지음 | 값 15,000원

- 초등 필수 영단어 500개 이미지 트레이닝 학습!
- 풍부한 사진 자료 수록!
- 품사와 발음기호까지!

마인크래프트 최강 몹 왕을 결정하는 배틀이 지금 시작된다!

- 한시도 눈을 뗄 수 없는 생동감 넘치는 배틀의 현장!
- 마인크래프트 세계 및 캐릭터에 대한 알찬 정보 전달!
- 배틀을 더 재미있게 즐기기 위한 규칙 해설!

마인크래 장인조합 지음 | 박유미 옮김 | 값 15,000원

구입 문의 (02)791-0708 서울문화사